JN309541

因果論の超克

自由の成立にむけて

髙山 守──[著]

東京大学出版会

Kritik und Überwindung der modernen Kausalitätstheorien
Zur Begründung der menschlichen Freiheit
Mamoru TAKAYAMA
University of Tokyo Press, 2010
ISBN978-4-13-010112-7

はじめに

私たちは、何か物事が起これば、それには必ず原因がある、と考える。したがって、何事かが原因なしに生じたとすれば、それこそ一大事件である。すでにしばらく前のことになるが、あるごく普通の家庭で、突然テーブルの皿が浮き上がり部屋を飛び交うということが起こったという。ついては、そんなことが起こりうる何の原因も見あたらない。そこでまさに大事件となった。テレビ局のスタッフが大挙訪れ、その家の一部屋にテレビカメラを据え付け、二四時間監視することとなった。その結果は……。しかし、話はそこまでで、事は立ち消えになった。結局、そんなことはまったく起こってはいなかったか、あるいは、起こっていたにしても、何らかの仕掛けがあったのか、いずれにしてもそんなようなことで、およそ原因なしに何事かが起こるといった、途方もない神秘は、存在してはいなかった。やはり、生じることには、必ず原因がある。それは、必ず、ある原因によって引き起こされた結果なのである。こう、私たちは、あらためて確信する。

ところで、この私たちの確信のとおりであるならば、こういうことにもなる。すなわち、ある一定の原因からは、必ずある一定の結果が生じる、と。なぜなら、ある一定の原因から、ある一定の結果が生じないのだとするならば、つまり、ある一定の原因から、ある別の結果が生じてしまうとするならば、この別の結果は、それが生じる特段の原因なしに、生じていることになるからである。

ある別の結果が生じるについては、やはり、ある別の原因がなければならない。それがなく、あるのはそもそもの一つの原因のみであるのならば、かの結果ではなく、この別の結果が生じた、その原因はやはりない。この別の結果は、そのものが生じる原因なしに、生じたということになってしまう。

それでは困る――そもそもの確信に反する――ので、私たちは、この別の結果を引き起こす、別の原因が必ずあると考える。この別の原因によってこそ、まさにこの別の結果が生じたのだ、と。

こうして、何事か（結果）が生じるとすれば、必ずその原因がある、という私たちの確信は、その原因が、必ずある一定の結果を引き起こす、ということに帰着する。少し堅い言い方をすれば、ある原因は必然的に、ある一定の結果を引き起こす。私たちは、おそらく誰もが、堅くこう信じている。

*

しかも私たちは、こうした原因は、結果に対して時間的に先行している、と考えていよう。つまり、まず原因があって、その後で結果が生じる、と。机の上の止まっているボールに別のボールがコツンとぶつかる、あるいは、止まっているボールをコツンとつつく。すると、それが原因で、その直後に、止まっていたボールが転がり始める。電気のショートがあると、それが原因で、その直後にコードは高熱化し、それが原因で、その後、近くの紙が燃え、カーテンが燃え、やがて家が燃える。脇見運転をしていると、至近距離に前の車が迫っている。ギュッとブレーキを踏むと、それが原因で、直後にブレーキが利き始める。が、間に合わず、結局のところ、先立つ脇見運転が原因で、追突事故が起きる。寒い冬、前の晩湯上がりに薄着でふらふらとしていて湯冷めをすると、それが原因で、翌朝、かぜを引いていて、発熱している等々。このようにして、時間的に先行する原因が、後続する結果を引き起こす——と、私たちは思っている。

だが、そうだとすると、こういうことになろう。すなわち、あることが起こった。とすると、このことを引き起こした、時間的に先行する一定の原因が、必ずある。ところで、この原因もまた、それはそれで、ある時起こったことである。それゆえに、このことを引き起こした、時間的にさらに先行する原因（原因の原因）がまた、必ずあることになる、と。たとえば、あることを引き起こした原因——ボールの衝突や電気のショート、脇見運転や湯冷め等々——には、それはそれで、それを引き起こした、時間的に先立つさらなる原因が必ずある、というように。だが、そうだとすると、その原因にはまたさらにその原因（原因の原因の原因）が、あるのでなければならない。そして、その原因にはまた……というようにして、原因の連なりが、およそ宇宙の始まりにまで連なっている、ということになろう。同様に、結果もまた、それが原因となって、さらなる結果を引き起こし、それがまた原因で……というようにして、どこまでもはてしなく原因・結果の繋がりが、とぎれなく続く、ということになろう。世に言う「因果連鎖」である。

＊

この因果連鎖なるものは、このうえなく固く結ばれた鎖の連なりである。というのも、一定の原因は、必ず一定の結果を引き起こすのだから。一定の宇宙の始まりは、必ず一定の結果を引き起こし、その結果が今度は原因となって、また一定の結果を引き起こす。こうして、その後に起こることは、すべて定まってしまっていることになる。もし、宇宙の始まりが同じであるのならば、その後は、まったく同じ因果の連鎖が連なり、まったく同じ宇宙が、まったく同じ世界が出現することになる。宇宙の始まりから終わりまで、因果という堅い鎖の繋がりが、連なっているのである。

こうして、この世に生じることには必ず、時間的に先立つ原因がある、と私たちが考えているのだとするならば、私たちは、結局のところ、このような因果連鎖を考えている、ということにならざるをえないのである。

しかし、話がここまで進んでくると、多くの人がそう簡単に首を縦には振らないだろう。まちがいなく、私たちのほとんどすべてが、世界は、かの因果の連鎖で成り立っていると思っていよう。しかし、にもかかわらず、「宇宙が始まった時点で、すべてが、すでに定まってしまっているのですよね」と言われたときに、私たちは、すぐに「そのとおりですね」とは言わない、あるいは、言えない。言うまでもなく、私たちの自由の問題が絡んでくるからである。

宇宙の始まりから、すべてが決まってしまっているのであれば、私たちが自由である、などということはおよそありえないことなってしまう。私たちがどう振る舞うかは、宇宙ができた、そのときにすでに決まってしまっているのだから。そうだとすれば、犯罪などというものもおよそ存在しないことになる。というのも、誰が何をやろうとも、それは宇宙の始まりから決まっていたのであって、したがって、自然現象と同じなのだからである。つまり、熊が人を襲おうが、食い殺そうが、それは、自然現象であって、したがって、犯罪にはならない。すべてがあらかじめ決まってしまっているのであれば、人の場合もまったく同じことになるのである。

しかし、むろん、そういうことにはならない。人の場合は、こうしたことをすれば、それはまちがいなく犯罪である。なぜなら、私たち人間は自由だからである。私たちは、自由なのであって、人を襲うことも襲わないこともできた。にもかかわらず、襲った。だからこそ、その責任は当の本人にあるのであり、その振る舞いは犯罪なのである。

だが、そうだとすれば、このうえなく明瞭なのである。すなわち、すべてが、宇宙の始まりから決まってしまっている、などということはないのである。つまり、かの因果の連鎖などというものは、実は存在していないのである。言い方を換えれば、因果連鎖という考えに至ってしまう私たちの因果の捉え方には、どこかに根本的な問題があるのである。

*

では、それは、どこにあるのだろうか。

これは、なかなか難しい問題である。振り返るならば、いま述べたような現代の私たちの因果了解は、近代イギリスおよびドイツの哲学者、D・ヒューム、および、I・カントによって、確立されたと言っていいだろう。そして、ここに確立された因果観が、現代に至るまでほとんど無傷で、連綿と確固として生き続けている。私たちは、一級の哲学者であろうとなかろうと、老いも若きも、ほとんど皆が、この因果観を——この、どこかに致命的な欠陥がある因果観を——もち続けている。

そうであるならば、この欠陥は、丹念に追及されるべきである。それによって、私たちがおよそ疑うことなくもち続けている原因・結果というものの正体を、暴くべきである。それは、このうえなく重要であろう。思い切って大仰に言えば、それによって、私たちがもち続けた根本的な世界像が、ひっくり返るのだから。

＊

このことのために、本書では、まず私たちのもつ因果の想念を、ヒューム、カントに立ち返りつつ、丹念に追うとともに（第1章）、現代の哲学者の範例的な因果論、すなわち、M・ダメット、J・L・マッキー、N・R・ハンソン、そして、また黒田亘の因果論を、徹底して批判的に検討する。それによって、原因・結果というものの正体を徹底して暴きたい（第2章）。

また同時に、原因・結果という私たちのもつ堅固な想念に取って代わる、根本的な世界了解のパターンをも提示したい。もとより、たしかに私たちは、何か物事が起これば、必ずその原因がある、と考える。しかし、おそらくまた同時に、こう考えてはいないだろうか。すなわち、何か物事が起こったとすれば、そこには、その物事が起こる十分な理由が必ずあったのだ、と。これは、私たちの原因了解に対する、十分な理由（充足理由）了解である。この理由了解は、通常、原因了解と区別されない。つまり、この両了解は、まったく同じ了解パターンであると見なされる。しかし、実は、この二つは、根本的に相異なる世界了解のパターンなのである。

原因・結果という、私たちの堅固な想念に取って代わるものとして提示したいと考えるものは、十分な理由とその帰結という、この了解パターンである。このパターンのもとでは、物事は必ずそうなるという必然性と、私たちが自由であるということとが、実に何の問題もなく両立する。

たしかに世界は必然的である。ボールがある一定の仕方で衝突すれば、それまで止まっていたボールは必ず一定の仕方で転がり出すし、電気のショートがあれば、コードは必ず高熱化し、ブレーキをギュッと踏めば、ブレーキシステムが正常である限り、必然的にブレーキが利く。世界は、あるいは宇宙は、こうした必然性で満ちている。しかし、こうした必然性とは、原因による必然性ではない、そうではなく、十分な理由のもとでの必然性なのである。そうであることにおいて、私たち人間は、実に同時に自由なのである。

もとより、こうした十分な理由という観点は、G・W・ライプニッツを想起させる。私たちの論議は、すでに、ライプニッツの論議とは根本的に異なるものなのだが、その点に論及しつつ、私たちの説く十分な理由——原因に取って代わる理由——というものを明確にしたい（第3章）。

本書はさらに、それでは、このように、いわば必然性のただなかで、私たちが自由であるとは、どのようなことであるのかということ、つまり、私たちの自由の内実をも明らかにする。そのために、まずもって、カントの提示する著名な「第三アンチノミー」論に立ち返る。また、引き続き、F・W・J・シェリングの自由論を一瞥する。これを一瞥しつつまた、私たちの自由を、私たちの——必然的な——世界のうちに、あらためてきちんと位置づけようと試みる（第4章）。

こうした冒頭からの論究を支える哲学的な論議の一つは、一九一二年のB・ラッセルの論考（"On the Notion of Cause"）である。そして、もう一つが、ヘーゲルの『論理学』に展開された様相論もしくは必然性論である。ラッセルには、随時論及するが、ヘーゲルの必然性論は、第5章で取り上げ、そこで、ヘーゲルが、これまでの私たちの議論をいかに先取りしつつ、提示していたかを見て取る。さらには、そのヘーゲルの論議を基盤とし、総じて必然的でありつつ、そこにおいて、私たち人間が自由に振る舞うこの世界とは、いかなるものであるのかを、新たにできる限り鮮明に描写する。これは、私の捉えるヘーゲル像の一端でもある。

本書は、こうして、ラッセル、およびヘーゲルに依拠しつつ、徹底して因果の想念を乗り越え、真に、自由と理由の世界へと至ろうとするものである。

因果論の超克——目　次

目　次

第1章　原因は結果に先行するのか

——ヒューム、カント、ラッセルを視野に

すでに見たように、私たちは、何事かが起こるとすれば、そのことには必ず、時間的に先立つ原因がある、と考える。言い換えれば、時間的に先立つ原因が、必然的に、後続する一定の結果を引き起こす、と。このような私たちの考え方は、堅固なものであり、また、広く一般に行き渡っている。だが、それには、まちがいなくどこかに、根本的な欠陥があろう、と思われるのである。

この欠陥を露わにするために、原因は本当に結果に対して時間的に先行するのかどうかについて、まずは少々丹念に検討してみよう。

第1節 「原因がまず起こり、次に結果が起こる」という通念

原因が時間的に先行し、結果が後続するという了解に関し、はじめに、近・現代における因果論の原点と目されるD・ヒュームの議論を一瞥するならば、まさにヒュームが、この了解——原因の時間的先行性——に懸念を表明しつつも、それを支持する。すなわちヒュームは、原因と結果とは、時間空間的に必ず相接している（時空接近）という、原因・結果についての第一の関係性を提示した後、こう言うのである。

原因と結果にとって本質的であると私が見てとるであろう第二の関係は、第一の関係ほど一般的に承認されてはおらず、多少の論争の余地を残している。その関係とは、結果以前に原因があるという、原因の時間的な先行性という関係である。すなわち、ある人々はこう言い張るのである。原因が結果に先行するということが絶対に必

要だということはない。どんな物あるいは活動も、それが存在し始めたまさにその瞬間に、その産出的な特性を発揮して、それ自体と完全に同時に、別の物もしくは活動を産み出すことができる、と。しかし、私たちが経験するほとんどの例は、この見解を支持していないように思われる。（Hume, D., *A Treatise of Human Nature*, Oxford, 1968, pp.75–76.）

たしかに、原因が結果に対して時間的に先行している。こう私たちは考える。先に言及したように、ボールの衝突や家屋火災、追突事故やかぜ等々の例においても、やはり原因が結果に先行していると私たちは考えよう。そうである限り、たしかに「私たちが経験するほとんどの例」は、「原因が存在し始めたまさにその瞬間に」、つまり、原因の存在と同時に、結果もまた生み出される――原因と結果とが同時に存在する――という見解を「支持していないように思われる」。しかし、本当にそうなのだろうか。

この問題を検討するために、まずは、ある簡単な例を考察しよう。その例とは、単純化したビリヤードの一コマである。すなわち、ある人がキュー（ビリヤードで使われる長細い突き棒）でコツンとボール（a）を突き、それによってボールがころころと転がりはじめ、それがやがて、もう一つのボール（b）にコツンとぶつかり、それによってこのボール（b）がころころと転がり始めた、と。

ボールの衝突

この例をめぐって、まず考察したいのは、この二つのボール（a）、（b）が、衝突する場面である（図1）。この衝突を私たちは通常、こう了解するのではないだろうか。すなわち、ボール（a）がボール（b）に衝突すると、それが原因で、ボール（b）が転がり始める、と。そして、ここに含意されていることはまた、ボールが衝突すること（原因：C）とボール（b）が動き始めるということ（結果：E）とは、別々の相互に独立の事柄であり、まず先行する事柄（衝突：C）が起こって、それに引き続き、次の瞬間に、それとは別の事柄（ボール（b）の始動：E）が生じるということ（C→E）であろう。だが、はたしてそうなのだろうか。

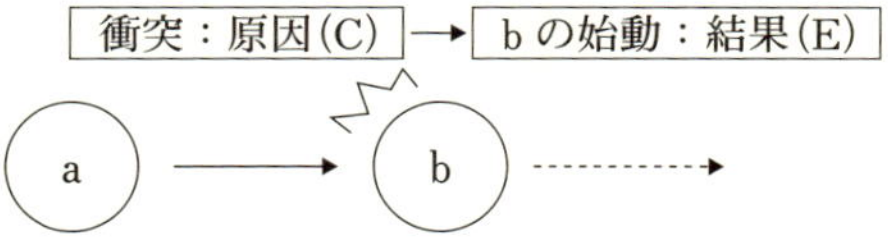

図1　ビリヤードのボールの衝突

ついては、ある装飾品の小物を思い起こしてみよう。それは、いくつかのボールが一列に並び、その一端のボールをつまみ上げて離すと、両端のボールがパッチンパッチンと衝突しながら、交互に片方が弧を描いて跳ね上がる金属の工作物である——ただし、いまは中間のボールは除去する——（図2）。

私たちがこれを見て思うことは、弧を描いて落下してくるボールの衝突が原因で、その結果、垂直にぶら下がって静止していたボールがまた弧を描いて跳ね上がる、ということだろう。しかも、ボールの衝突——一つの独立の事柄——の瞬間（原因）がまずあって、その一瞬の後、他方のボールが跳ね上がるという結果——これもまた一個独立の事柄——が続く（原因→結果）、と私たちは思おう。

しかし、本当は、そうではないのではないか。他方のボールが跳ね上がるという独立の結果に先立つ、これまた独立の事柄である衝突の瞬間（原因）などというものは、存在しないのではないか。というのも、実はまた、次のように見ることができようからである。すなわち、この二つのボールは、それぞれが左右の運動を分担しながら、あたかも一つのボールが左右に振り子運動をしているかのように動くのだ、と。そうだとすると、一方のボールが弧を描いて落下してきて、他方の静止したボールに衝突した瞬間とは、そのまま、落下してきたボールがぴたっと静止して、その運動が、静止していたボールに引き継がれた瞬間、つまり、静止していたボールがはじき出され動き始めた瞬間であろう。ここにおいては、二つのボールが衝突するということ（原因）と、一方のボールが静止して、他方のボールが動き始めるということ（結果）との間に、時間的な隔たりはない、つまり、両者は同時である。そして、また、この両者の間には、事柄としての隔たりもない、つまり、両者は端的に一体の事柄である。というのも、この二つのボールが衝突するということ、このことが、とりもなおさず、一方のボールが静止して、他方のボールが動き始めるということ、そのことにほかならないからである。

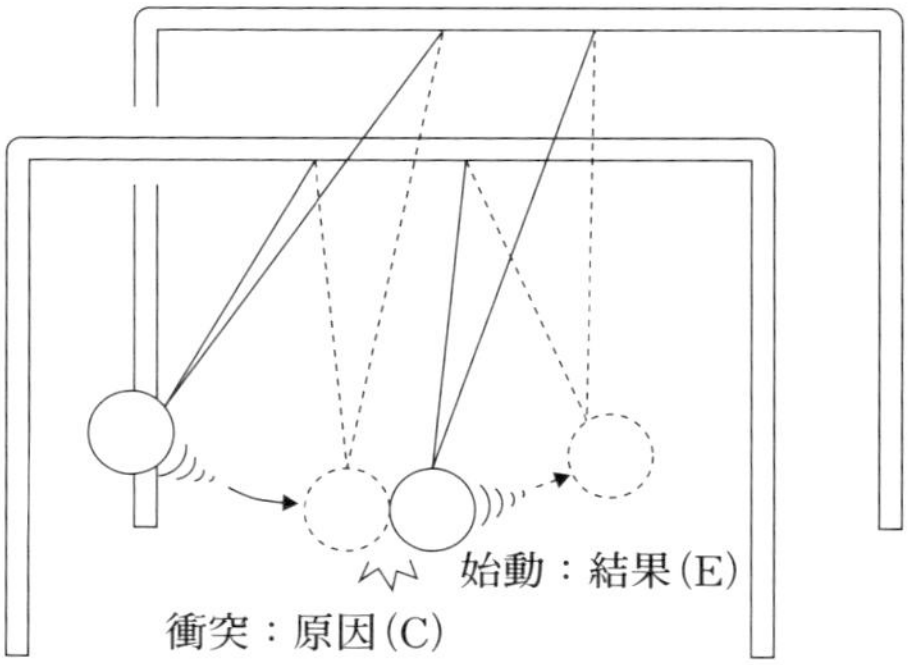

図２　装飾品のボールの衝突

むろん、もとよりこうした見方は、衝突についての単純化されたモデル了解にとどまろう。実際には、この衝突とは、力学の教科書や事典項目が説くように、一瞬の出来事であるとはいえ、その間の経過時間は必ずしも0だ、というわけではない。つまり、そこには、きわめて短いが、しかし、たしかに一定の時間経過が存してもいよう。たしかに、そうでもあろう。しかし、重要なことは、そうであるのだとしても、因果関係に関するいましがたの議論は、まったく同様に成立する、ということである。というのも、「衝突」には、時間経過が伴うのだとしても、当の「衝突」という出来事は、この時間経過を伴う全体であろうからである。すなわち、ここにおいて「衝突」とは、時間経過を伴う、全体として一つの出来事なのであり、したがって、二つのボールが衝突したということは、単に二つのボールが接触したということではなく、さらにその後の経過時間を経て、いわば「衝突」という出来事が完了した、ということであろう。「衝突」という出来事は、それが完了した、その時点ではじめて、それとして成立しよう。そうであるとすれば、まさに衝突が完了した、その同じ時点で、この「衝突」と一体の事柄として、かの結果、つまり、一方のボールがぴたりと止まり、かつ、他方のボールが勢いよく跳ね上がるということ、このことが生じていることになろう。すなわち、「衝突」(完了した「衝突」)という原因と、その結果とは、やはり同時で一体なのである。

こうした装飾品のボールの動きを、先のビリヤードボールの衝突の場面にひき移すならば、ここにおいてもやはり、ボール(a)がボール(b)に衝突するという、時間的に先立つ一個独立の事柄は、存在しないだろう。ボール(a)がボール(b)に衝突したということは、端的に、ボール(b)が動き始めたということであり、二つのボールの衝突という原因(C)と、ボール(b)が動き出すという——正確にはまた、ボール(a)の速度方向が変わるという——結果(E)とは、同時なのである。そしてまた、この原因(C)と結果(E)とは、およそ分離することのできない一体のものであろう。ここに、原因(C)と結果(E)との関係は、C→EなのではなくC=Eなのである。

ボールの運動

それでは、衝突の場面から、少し視野を広げてみよう。目を向けるのは、衝突の少し前、すなわち、ボール(a)が、ボール(b)に向けて、ころころと転がっている場面である。ボール(a)は、ビリヤード台のフェルトの抵抗を受けつつも、みごとにまっすぐにきれいに転がっている。フェルト等の抵抗がなければ、ボール(a)は等速の直線運動をするはずである。

では、このようにしてボール（a）が、刻々きれいに動いているということの原因は何だろうか。むろん、それは、キューでそれをコツンと突いたことだと誰もが言うだろう。そしてまた、コツンと突いたという原因（C）は、ボール（a）がころころと転がっているという結果（E）に対して、たしかに時間的に先立っている（C→E）、とも。

しかし、実はそうではない。なぜなら、ボールをキューで突いたとしても、そのボールがいまころころと転がっているとは限らないからである。たとえば誰かが途中でその動きを止めてしまえば、その時点でボールの動きは止まってしまうのである。その際、ボールが止まってしまった原因は何か、と問われれば、当然のことながら、それは、誰々が手を出して止めてしまったことだ、と言おう。むろん、そのとおりである。だが、それでは、ボールが止まらずに、ころころと転がり続けている原因は、何なのだろうか。誰も手を出して止めなかったことだろうか。だが、誰も手を出して止めないとすれば、どうしてボールは、ころころと転がり続けるのだろうか。その原因は何なのだろうか。いま問題としたいのは、このことである。

だが、こう問われれば、おそらく多くの人がとまどうだろう。そして、しばらくの後、おそらく多くの人がこう言うのではないだろうか。その原因とは、転がっている物は、その動きが阻止されない限り、転がり続けるということ、このことだ、と。そのとおりである。そして、それはまた、慣性の法則として語られていることにほかならない。「静止または一様な直線運動をする物体は、力が作用しない限り、その状態を持続する」（『広辞苑』）。すると、ボールがころころと転がり続けている原因は、転がっているボールが、いわば慣性という性質をもっているということである、ということになろう。

そうであるとするならば、この場合も、明らかに原因と結果とは、一体で同時の事柄であろう。というのも、転がっているボールが慣性という性質をもっているということ（原因：C）とは、そのつどそのつどボールが動くということ、現にそれが動き続けているということ、そのこと（結果：E）にほかならないからである（C＝E）。決して、まず慣性があり（C）、引き続いてボールが動き続ける（E）というわけ（C➝E）ではない。そうではなく、慣性があるということ（C）が、そのつどボールが動き続けるということ（E）そのこと（C＝E）なのである。

こうした事情は、重力によって物が落下するという場合と、同様である。物の落下の原因（C）が重力であるとすれば、決して、重力が作用して（C）、それに引き続いて、物が落下する（E）というわけ（C➝E）ではない。そうではなく、重力が作用するということ（C）が、物が落下するということ（E）そのことであり、両者は、一体で同時なのである（C＝E）。

ボールを突く

それではさらに視野を広げて、ボールが転がり始める場面に目を向けよう。そこでの原因とは、ほかでもない「キューでボールを突く」ということ、このことである。ボール（a）が転がった原因は、たしかに、ある人がキューでそのボールをコツンと突いたこと（C）である。それが原因で、その結果、ボール（a）はころころと転がり始めた（E）。ただ、ここにおいて、この原因（C）と結果（E）とが同時で一体であることは明らかだろう。というのも、キューでボールを突くということ（原因：C）は、まさにキューでボールを突き動かすということであり、それは、とりもなおさず、静止していた当のボールが動く——転がり始める——ということ（結果：E）そのことにほかならないからである。決して、まずボールを突いて（C）、次にそれが動き出す（E）という、時間的な順序（C→E）が、あるわけではない。そうではなく、ボールを突くということ（C）は、それが動き出すということとそのこと（E）なのであり、両者は一体の出来事として同時に起こっているのである（C＝E）。

では、そのようにキューでボールを——たとえば、非常に巧みに——突いたという、このことの原因は何だろうか。それは、「遊技者が、キューを握った手をスーッと後ろに引いて、すぐに前方へと急速度で押し出し、キューがボールと衝突するところまで巧みに手を動かしたこと」（C）である、と言いえよう。このことが原因で、「キューはスーッと後ろに引かれ、さらにスッと前へと押し出され、コツンとボールと巧みに衝突する」という結果（E）が生じた。だが、そうであるとするならば、この原因（C）と結果（E）もやはり同時に起こっており、等号で結びうる関係にある、と言うことができるだろう。

簡単に順を追っておくならば、遊技者がまずは、キューを握った手をスーッと後ろに引くこと（原因：C_1）によって、キューがスーッと後ろに引かれる（結果：E_1）。言うまでもなく原因（C_1）と結果（E_1）とは、一体で同時である（$C_1=E_1$）。同様に、キューを前方へと急速度で押し出すこと（原因：C_2）によって、キューが前方へと押し出される（結果：E_2）——（$C_2=E_2$）——。そして、キューがボールに衝突するところまで、巧みに手を押し出すこと（原因：C_3）によって、キューは巧みに動きボールと衝突する（結果：E_3）——（$C_3=E_3$）——。こうして総じて、原因（C）と結果（E）とは同時で、一体なのである（C＝E）。

もっとも、こうした振る舞いにおいては、原因（遊技者の動作）と結果（キューの動き）との同時性・一体性があまりにも自明で、原因・結果の関係というものが、把握しにくいということであれば、手で目の前のイスを動かす、というような場面を合わせて想定すれば、分かりやすいだろう。すなわち、イスをつかんで手をグッと伸ばす、という振る舞いである。この場合、このことが原因で、その結果、イスは向こうへと移動する。ここにおいて、原因と結果とは、明らかに同時で、一体であろう。ビリヤードの動作の場合も、これとまったく同様なのである。

原因は結果に先行しない

さて、このように見てみるならば、目下の例においては、そのどこにもいわゆる因果関係なるもの――時間的に先行する原因が、後続する結果を必然的に引き起こす――を見て取ることはできないのではないだろうか。

事柄の順にしたがって、簡単に振り返っておくならば、まずは、ビリヤードの遊技者が一定の振る舞いをする。この振る舞いが原因で、キューが後ろへ引かれ、前方に急速度で押し出され、そして、一定の仕方でボール（a）と衝突するという結果が引き起こされる。ここにおいて、原因と結果とはまったく同時であり、一体の事柄である。

次に、この衝突が原因で、ボール（a）が転がり始める（結果）。この原因・結果も同時で、一体の事柄である。

そして、ボール（a）はしばらくころころと転がり続ける。この転がり続ける原因とは、阻止するものが何もない限り、ころころと転がり続けるということ、つまり、運動するボールが慣性という性質をもっていることである、ということになろう。そうであるとすれば、慣性という性質をもっているということ、つまり、原因と、そのつどボールが転がり続けるという結果とは、同時で、やはり一体の事柄である。すなわち、慣性という性質をもっているということが、とりもなおさず、ボールがそのつど転がり続けるということ、そのことである。

さらに、やがてボール（a）はボール（b）に衝突する。ここにおいても、決して衝突したことが、時間的に先行する原因であり、また、ボール（b）が動き出したことや、ボール（a）の速度・方向が変わったことが、時間的に後続する結果だというわけではない。そうではなく、衝突したということが端的に、ボール（b）が動き出したということであり、また、ボール（a）の速度方向が変わったということなのである。

この後、ボール（a）とボール（b）とがそれぞれ独立に転がって、やがていずれもが止まる。この動きに関しても、そのどこにもいわゆる因果関係なるものは存在しない、ということはすでに明らかだろう。転がり続けるということに関しては、衝突前のボール（a）の場合と同様である。それは慣性による。そして、衝突前のボール（a）の動きに関してもまた同様なのだが、ここにはフェルトによる抵抗――厳密には、さらに空気（風）の抵抗など――が働き、それが原因で、その結果、いずれのボールの動きも止まる。この止まることの因果関係は論じなかったが、しかしそれも、おそらくすでに明らかなように、同時で一体の関係である。すなわち、止まる原因はフェルトや空気等の抵抗であるわけだが、決してまず抵抗があって、次にボールの減速が生じるわけではない。そうではなく、抵抗があるということ（原因：C）が、ボールが減速するということ、そのこと（結果：E）である。両者は同時で一体の事柄である（C＝E）。そして、いずれのボールも、いわば最後の抵抗（原因）によって、停止する（結果）。この原因と結果も、同時で一体の出来事である。

どうだろうか。こうして、どこにも、いわゆる因果関係なるものは見て取れないのではないだろうか。とりあえず、少なくとも目下の例において、時間的に先立つ原因が後続する結果を必然的に引き起こすといった事態は、どこにも存さないだろう。

かのヒュームの言明に立ち返るならば、ヒュームが論敵とした「ある人々」の「言い張る」ことの方がまさに正しいのではないか。それは、繰り返せば、こうである。

ある人々はこう言い張るのである。原因が結果に先行するということが絶対に必要だということはない。どんな物あるいは活動も、それが存在し始めたまさにその瞬間に、その産出的な特性を発揮して、それ自体と完全に同時に、別の物もしくは活動を産み出すことができる、と。

目下のところ、まさにこの「ある人々」の言う通りだろう。私たちがキューでボールを突いたり、イスを向こうへ押しやったりする私たちの振る舞い・活動は、それが存在し始めたまさにその瞬間に、まったく同時に、キューやイスの運動（活動）を生み出す。衝突という事態も、まさにその瞬間に、ボールを動かし、またボールの速度・方向を変える。ボールが転がっている際には、転がっているボールは、それ自体において転がり続けるというそれ自体の活動性（慣性：原因）によって、そのつど同時に活動し続ける（結果）。また、フェルトや空気等において生じる抵抗という活動も、それが存在し始めたまさにその瞬間に、ボールの速度が低下するという、いわばマイナスの活動を生み出すのである。

こうして、ここには、時間的に先立つ原因が、後続する結果を引き起こすということはおよそない。原因としての活動は、「それが存在し始めたまさにその瞬間に、その特性を発揮して、それ自体と完全に同時に、別の活動を生み出す」のである。

第2節　堅固な原因先行論——ヒュームとカント

　このように見るならば、通常の因果了解、すなわち、時間的に先立つ原因が、一定の後続する結果を必ず引き起こす——ヒュームによれば、時間的に先立つ原因と後続する結果との間に、恒常的な繋がりがある——という了解が、問題含みであるということが、明らかになろう。

ただし、このような通常の因果了解は、もとよりきわめて強力で、広く支持されている。それは、目下の程度の考察では、びくともしないと言っていいほど、堅固に保持されているのである。なぜなのだろうか。

因果が同時ならば、時間は消滅する——ヒューム

なぜ、原因は結果に対して時間的に先行すると考えられるのか。なぜ、そのように見なされ、また、見なされなければならないのか。まずは、この問題をめぐるヒュームの論議を、さらに立ち入って見てみよう。

　さて、もし、いかなる原因もその結果と完全に同時でありうるというのであれば、［……］原因はことごとく、結果と同時でなければならないということは、確実である。［……］ここから帰結することは、私たちが世界のうちに見てとる、かの諸原因の継起というものの破壊にほかならず、また実際それは、時間の完全な消滅でもある。というのも、一つの原因がその結果と同時であり、この結果がまたこの結果の結果と同時であり云々という

ことになるのであれば、継起というようなものがなくなってしまうことは明白であり、また、あらゆる物が同時に存在しなければならないことになるからである。（p.76. 以下、［　］内は筆者による挿入。）

ここにおいてヒュームは、先に述べた因果連鎖なるものを考えている。すなわち、結果に先立ってまず原因が存在するが、その原因には、またその原因が存在し、という具合に、どこまでもさかのぼりうる。逆にまた、結果は、今度はそれが原因となって新たな結果を引き起こし、それがまた原因となって、という具合に、どこまでも連なっていく。こうして、原因・結果は永遠の連鎖をなしており、それが世界のあり方そのものである、と。

こうした了解パターンによるならば、先のビリヤードの例もこうなろう。すなわち、キューでボールを突いたことが原因で、直後にボールは動き始める。動き始めたことが原因で、時間の経過とともに、次々と因果の連鎖がたどられ、ボールは動き続ける。その結果、それは別のボールにコツンとぶつかる。コツンとぶつかると、それが原因で、その直後に、それまで止まっていたボールは動きだし、ぶつかった方のボールは、その速度・方向を変える。こうして、原因・結果の連鎖が生じ、この連鎖が時間の経過とともに連続して進行する、と。

私たちは、通常まさにこのように了解しようが、この了解のとおりであるならば、原因と結果とが完全に同時であれば、たしかに「諸原因の継起」すなわち、因果の連鎖というものは「破壊」される、つまり、なくなってしまおう。ここにおいては、キューがボールを突いたとたんに、二つのボールが衝突してしまうだろうし、また、そのとたんに二つのボールは最終地点に到達してしまおう。そして、たしかにまた、時間というものも完全になくなってしまうことにもなろう。

ヒュームによれば、それゆえに、原因と結果とは決して同時なのではなく、原因は先行し、結果は後続する、あるいは、後続するのでなければならない、というのである。

因果関係こそが時間秩序である——カント

原因と結果とがもし同時に起こるのであれば、結局のところすべては一度に一気に起こってしまい、ひいては時間というものが存在しなくなってしまうだろうという、このヒュームの議論は、実際私たちの多くが共有するものだろう。とにかくも宇宙の始まりから現在に至るまで、すべては原因・結果の連鎖からなっており、そのような連鎖としてすべての事柄が、時間経過とともに、次々と生じてきた。それゆえに、原因と結果とが同時であるならば、宇宙はできたとたんに終わってしまうだろう、と。

こうした了解形態はまた、カントに引き継がれ、ここで強化・徹底される。それによれば、原因・結果の関係——時間的に先立つ原因が必然的に結果を引き起こす——は、世界そのものを成り立たせる、世界の根本構造である。まさにこの関係によってこそ、時間的に経過する世界、ひいては、世界そのもの、時間そのものが成立する、と。

その議論は、およそ次のとおりである。

> われわれは、時間それ自体を知覚することはできない。[したがって] われわれは時間に関して、何が先行し何が後続するのかを、[直接的に規定することはできず、] いわば経験的に客観に即して規定しなければならない。

(Kant, I., *Kritik der reinen Vernunft*, 1787, B233. 以下、引用は慣例により、記号Bと頁数の併記とする。)

ところで、相前後して起こる二つの現象の、この先後関係が、［経験的に客観に即して］確定的なものと認識されるためには、この二つの状態の関係が次のようなものであると考えられなければならない。すなわち、両者のうちのどちらかが先で、どちらかが後であって、その逆であってはならないということが、まさに両者の関係を通して、必然的なものとして決定されるという、そのようなものである、と。(B233f.)

しかし、［二つの現象を］総合的に統一するに際し必然性をもち合わせている概念は、ただ純粋な悟性概念のみである。［……］そしてこの場合それは、因果関係の概念である。因果のうちの前者つまり原因が、後者つまり結果を［必然的に決定する、つまり、］時間において帰結として［……］規定する。(B234)

したがってただわれわれが、一連の諸現象を、それゆえあらゆる変化を、因果性の法則に従属させるということによってのみ、［諸現象の時間的な前後関係が決定され、それゆえにまたはじめて］経験でさえもが、つまり、諸現象の経験的認識でさえもが、可能となる。したがって、諸現象そのものが、経験の対象として可能となるのは、もっぱらまさにこの因果性の法則によるのである。(ibid.)

カントによれば、もし私たちが時間というものを直接知覚できるのであれば、物事の間に時間的な経過があるのか、ないのか——相前後しているのか、同時的であるのか——を直接知ることができる。しかし、私たちは時間を直接知覚することはできない。したがって、物事の時間的な秩序――相前後しているのか、同時なのか――は、物事（「客観」）に即して経験的に決められなければならない、という。

たとえば、私たちが時に見る夢を思い起こしてみよう。そこにおいては、場面が次々と脈絡なく飛躍し、無秩序に連続しよう。閑静な住宅街を歩いていると、突然雑多な人混みのなかになり、またふと誰かと静かに話していて、また突然いつかの旅行時の光景のようなものになり……、と。カントによれば、もしここで私たちが時間というものを直接に捉ええているのであれば、こうした無秩序状態にはならない、という。しかし、そうではないので、何が先で何が後かという順序がめちゃくちゃになってしまっている。

私たちの世界も、「時間それ自体を知覚することはできない」限りにおいて、とりあえずこうした無秩序なものだ、という。たとえば、いまある人がビリヤード台の横に陣取って、ボールを突こうとしている。ふと上を見ると天井があり、ふと横を見ると窓があって、外では木々が揺れている。またふとそこを見ると、いまボールが突かれてころころと転がり始めた……。こうした光景が、何の脈絡もなく、夢の世界のように、次々と流れ去る。

それでは、こうした無秩序な世界が、どのようにして秩序づけられるのか、あるいは秩序づけられているのか。それは、カントによれば、この世界に生じる物事（「客観」）そのものにおいて、その前後関係（時間関係）が――「必然的なものとして」、つまりいわば絶対的なものとして――経験的に決定されている（「総合的に統一」されている）ことによる、という。

では、経験における、こうした物事の前後関係の必然的な決定（「総合的な統一」）とは、何によってなされるのだろうか。カントによれば、それこそが因果関係（カントの挙げる十二の「純粋な悟性概念」のうちの一つ）だ、というのである。
夢の世界には、因果関係というものがおよそ関与してこない。したがってそれは、結局のところ、無秩序に飛躍する世界である。これに対して現実の世界は、カントによれば、因果関係によって必然的に秩序づけられた世界なのである。すなわち、キューでボールを突いたことによってボールが転がり始め、他のボールに衝突して、自らの動きを変え、他のボールが動き始める、といった一連の出来事は、ことごとく因果の連鎖であることによって、必然的に秩序づけられた、まさに一連の出来事となる。その際また、ふと上を見ると天井があるわけだが、天井の存在は、この因果連鎖のなかには入ってこない。ということは、カントによれば、それは同時存在、つまり、天井は一連のビリヤードの展開と同時に存在している、ということである。窓やその外の揺れている木々なども、同様に、同時存在である。

このようにしてカントによれば、物事は、因果的に関係するものであることにおいて、その前後関係が必然的に決定される。同様に、因果関係によって、つまり、因果関係がないこと——正確にカントに即せば、交互作用——によって、物事の同時存在も決定される。ここに、まさに時間秩序というものが成立する、という。

こうして、時間秩序とは、因果の秩序にほかならない。そして、時間なるものが直接知覚できない限りにおいて、時間の流れというものは、因果の秩序にしたがった物事の流れ、つまり、因果連鎖にほかならない。

このようにして、因果関係によってこそ、夢のような無秩序の世界ではない、時間的に秩序だった経験が、そしてまた、この経験の対象、すなわち、時間的な世界そのもの——ひいては、時間そのもの——が、それとして成立する、という。

因果と時間

因果論をめぐるヒュームとカントの議論は、しばしば根本的に相異なるものとして対比的に論じられるが、両者のそれは基本的に同一である。カントが、ヒュームの議論をそのまま引き継いだと言ってもいい。時間との関係に関しては、ヒュームが、因果が同時であるとすれば、時間なるものが消滅すると論じ、カントは、因果関係こそが、時間秩序そのものであると論じる。

こうした因果論がまた、現代に至るまで、まさにほとんど無傷で引き継がれ、私たちもまた共有する。そうである限りそれは、私たちにとって大変になじみやすいものであろう。

しかしそれは、先の私たちのビリヤードの例に即した議論とは、真っ向から対立するものだろう。すなわち、先の議論によれば、原因と結果とは、ことごとく一体であり同時である。にもかかわらず、すべての物事が一度に起こってしまうなどということはない。キューが前に突き出され、ボールと衝突して、ボールが動き始め、動き続け、他のボールと衝突し、これまで止まっていたボールが動き始める。こうして物事は次々と生じる。そこでは、きちんと時間も経過する。因果の流れ、つまり、因果連鎖こそが時間の経過だ、などということはおよそない。あるいは、そもそも因果連鎖などというものが存在しない。にもかかわらず、きちんと時間は経過する。

どういうことなのだろうか。やはり、ヒュームやカントの議論が正当で、先のビリヤードの議論は誤っているのだろうか。それとも、ヒュームやカントの議論が間違っているのだろうか。

この点こそがきちんと見極められるべきだろう。というのも、ヒュームやカントの議論が、もし間違っているのだとするならば、そして私たちが、そうした議論に無批判に乗ってしまっているのだとするならば、私たちはまさに、根本的なところで、誤った世界了解をしてしまっているのだから。

第3節　出来事はどう起こるのか

この点を見極めるために、ここでさらに、私たちにとって身近な、さまざまな因果の例を検討してみることとしよう。

火災発生のプロセス

まずは、先にも言及した火災である。あるとき、火災が発生したとしよう。その原因が電気回路の短絡、いわゆるショートであったとすれば、まずはそれが起こった。それによって電気回路に大量の電流が流れ、それによって当の回路が高熱になり、それによって近くに散乱していた紙くずが燃えだし、それによって近くのカーテンが燃えだし、そして、とうとう家屋に燃え広がった。とすると、私たちはここにもとより、因果連鎖を考えていよう。すなわち、まず、①ショートが起こり、それが原因で、その結果、②大量の電流が流れ、その結果、③回路が高熱になり、その結果、④紙くずが燃えだし、その結果、⑤カーテンが燃えだし、その結果、⑥家屋が燃えた、と。ここにおいてはまた、これらの出来事が、時間的に次々と起こっていく、とも。すなわち、①→②→③→④→⑤→⑥というように。実際これが、ヒュームやカントの取る了解形態だろう。

しかし、火災発生のプロセスは、実のところこのようになっていないのではないだろうか。まずは、ショートと電流との関係だが、たしかにこの関係は難しい。というのも、ショートの生じた回路がどのような回路であるかによって、電気の流れ方が異なるからである。ただ、いまは、こうした場面での原因・結果の関係を端的に捉えるために、もっとも単純な電気回路モデル、すなわち、抵抗のみが組み込まれた回路（いわゆるR回路）モデルを想定しよう。すると、この場合には、電気の回路が成立したまさにその瞬間に、一気に規定の電気が流れる。そうであるならば、目下のショートとは、きわめて抵抗の少ない回路が成立したということであるから、ショートの起こったまさにその瞬間に、大量の電流が一気に流れることになろう。

ここにおいて、原因とは、ショートが起こった（ほとんど抵抗のない電気回路が成立した）ということであり、結果とは、膨大な量の電気が流れたということである。そして、原因と結果との間には、たしかに必然的な関係性が存している。しかし、この原因と結果との間に、時間的な経過は存在しないだろう。原因と結果とは同時なのである。

この同時である原因と結果とは、その後もつねに同時に存在する、まさに一体の事柄であろう。すなわち、ここにおいて、電気は、正確に回路が成立している限りにおいて、流れるのであり、それゆえに、ショート（電気回路の成立）と電流の存在とは、つねに同時で一体なのである。

時間の経過という点に関して言えば、この同時で一体であるひとまとまりの事態（電気回路を電気が流れるという事態）が、ひとまとまりの全体として、時間的に経過する。決して、原因から結果へという因果関係が時間の経過を形作るわけではない。

さらに、電流と電気回路の高熱化も、目下の回路モデルにおいて、まったく同様に捉えることができよう。すなわち、回路が発熱するのは、正確に電気が流れている、その間のみなのである。そうである限り、電流の存在（原因）と回路の発熱（結果）とは、やはり同時で一体の事柄である。そうであることにおいて、ここにおいても、この一体の事柄が一体の事柄のまま、時間経過とともに存在し続けるのである。

このように見ることができるとするならば、実に、①ショート（電気回路の成立）、②電流の存在、③回路の発熱は、一体で同時の事柄である。そうである限り、この三つの事柄が、時間的にまず①があり、次に②があり、続いて③があるというように、継起的に存在するというわけではない。つまり、時間経過とともに、三つの出来事が、①→②→③というように順次生じる、などということはない。そうではなく、これら三つの事柄は、むしろイコールで結びうるひとまとまりで一体の事柄（①＝②＝③）なのであって、この全体が全体のまま、時間経過とともに、連続的に推移するのである。

では、その後のプロセスはどうだろうか。だが、これについても、同様に因果の同時性というものが見て取りうるだろう。すなわち、一般には、電気回路が高熱化すると、それが原因で、しばらくして近くの紙が発火すると了解される。しかし、回路がたとえ高熱化したとしても、そして、しばらく時間がたったとしても、近くの紙が発火するとは限らないだろう。紙が近くにあるとはいっても、発火するには十分離れているかもしれないし、ごく近くの紙はひどくぬれているかもしれない。そうであるとすれば、回路が高熱化しても、また、たとえ発火したとしても、紙は燃えないかもしれない。

それでは、その際に、紙が発火したとすれば、その原因は何だろうか。それは、回路の高熱化によって、紙が燃えるのに十分なだけ熱せられた、ということではないだろうか。むろん酸素があるといったことを加えてもいい。ただ、いずれにしても重要なことは、原因がこうしたことであるならば、原因と結果とは一体で同時だ、ということである。酸素があって、紙が燃えるのに十分熱せられたとする（原因：C）ならば、紙はまさにその瞬間に発火する（結果：E）。いうまでもなく、酸素があって、紙が燃えるのに十分熱せられるということは、紙が発火するということそのことにほかならない（C＝E）からである。

その後、紙は燃え続けるわけだが、このプロセスに関しても、ほぼ同様のことが言いえよう。すなわち、紙が燃え続ける原因は何かと問うならば、次々と燃えてゆく紙の部分が、そのつど燃えるのに十分高熱化するということだ、と言いえよう。そうであるとするならば、やはり原因と結果とは一体で同時である。なぜなら、次々と燃えてゆく紙の部分が、そのつど燃えるのに十分高熱化するということ（原因：C）は、まさに、紙が燃え続けるということ（結果：E）、そのことにほかならないのだから（C＝E）。

こうした紙が燃え続けるプロセスは、ボールが転がるプロセスと類似している。ボールが転がり続けるのは、転がっているボールに、転がり続けるという性質（慣性）があるからであった。同様に考えるならば、紙が燃え続けるのは、紙そのものに、一定の温度下で燃え続けるという性質があるからである。それが原因で、ボールは転がり続け、紙は燃え続ける。そうである限り、原因と結果とは、同時で一体である。

ボールの運動や紙の燃焼は、そうした因果一体のものとして、時間的に生起するのであり、そのことにどれだけの時間がかかるか——つまり、ボールが一定区間を転がるのに、また、紙が燃え尽きるのにどれだけの時間がかかるか——は、それぞれの性質（ボールの速度、紙の性質）による。速いボールは一定区間を短時間で転がってしまうし、燃えやすい紙は、短時間で燃え尽きる。燃えにくい紙や、湿った紙は、燃えるにしても長時間かかるし、もし燃える

①電気回路の成立	②電流の存在	③電気回路の発熱	④紙の燃焼	⑤カーテンの燃焼	⑥家屋の燃焼

原因・結果（原因→結果）

時　間

図3　因果と時間の関係（当初の見方）

ものが水素であるならば、それは一瞬に燃え尽きる。

こうした時間経過は、決して因果連鎖なるものの経過時間ではない。そうではなく、いうならば、それは事柄そのものの経過時間なのである。

さらに、その後については、火災は、紙の炎がカーテンに燃え移り、それが建物に燃え移るということであるわけだが、このプロセスに立ち入る必要はすでにないだろう。カーテンの燃え始め、および建物の燃え始めについては、紙の燃え始めの状況とまったく同様である。また、カーテンや建物の燃焼についても、紙の燃焼の状況とまったく同様である。いずれにおいても、原因と結果とは同時で一体なのである。

因果は縦軸、時間は横軸という構図

このように見るならば、火災のプロセスの全体が、当初とは違った形で見えてくることになりえよう。

当初の見方では、時間の流れを横軸とすれば、原因と結果とは、この横軸に沿って、次々と横並びに並ぶ形になっている。したがって、原因・結果の流れと時間の流れとが、パラレルになっていて、場合によっては同一の流れと見られることにもなりうる（図3）。

これに対して、これまでに考察したところにしたがえば、原因と結果とは、横軸である時間の流れに対して、むしろ縦軸方向に沿って縦並びに並ぶ（図4）。電気回路の成立（ショ

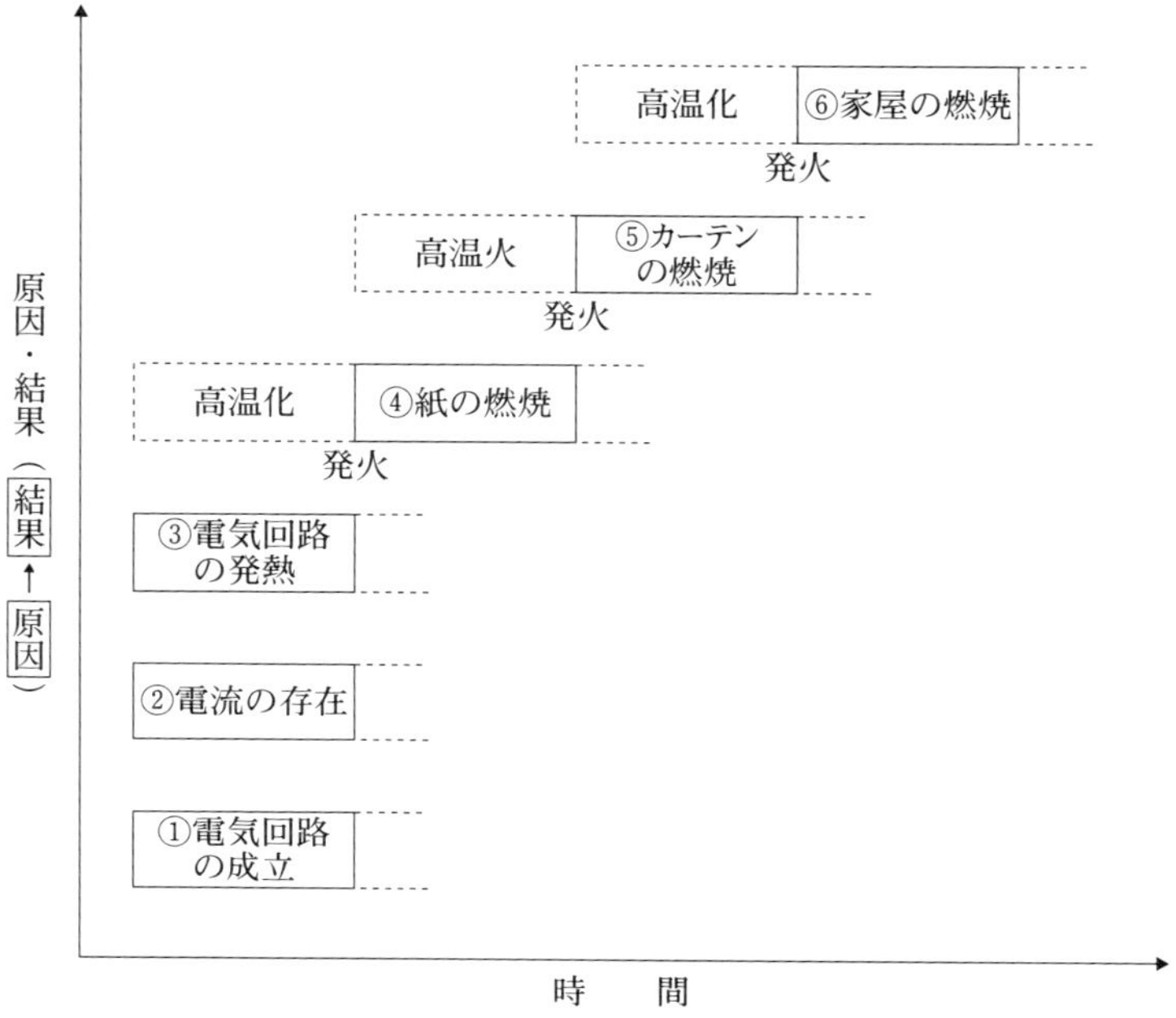

図4　因果と時間の関係（考察による見方）

ート）と、電流の存在と、発熱という事態が、まさに縦並びの三層をなしており、この三層の因果関係が、三層のまま横方向に流れる、つまり、時間的に経過する。紙やカーテンや建物の発火においても、それぞれのものが発火するのに十分なだけ高温化するという原因とそれらの物の発火という結果がやはり縦方向に並んでいる、と見ることができよう。その後の紙やカーテンや建物の燃焼においても同様なのだが、この場合には、それらの物のそのつどの高温化という原因とそれらがそのつど燃え続けるという結果とが、いわば縦横ぴったりとくっついて一体化している。燃え始めた紙やカーテンや建材は、そのつどそれらが燃え続けるに十分なだけ高熱化し（原因）、それによって燃え続ける（結果）のだとすれば、原因と結果とは事柄としてまったく同一で、それぞれの物は、それぞれなりの性質において、燃え続けるのである。

こうして因果関係とは、決して横方向（水平方向）ではなく、むしろ縦方向（垂直方向）の関係性であり、また、紙が燃える等の一連のプロセスにおいては、原因と結果とは、縦横ぴったりと一致する一体の事柄なのである。これに対して、時間の流れとは、横方向・水平方向の流れであり、この方向での経過である。ということの意味することは、因果関係と時間という両者は、相互に関係することのない、独立の事柄なのだ、ということである。

追突事故のプロセス

引き続き、追突事故の例を見ておこう。追突事故の原因は脇見運転だった、とする。むろんこの場合、脇見運転をしたからといって、必ずしも追突事故にはならないし、それどころかほとんどの場合、そうはならない。したがって、この場合には、原因（脇見運転）と結果（追突事故）との間に一定のプロセスが存していることになる。そのプロセスとは、少し詳しく述べれば、たとえば、こうなろう。すなわち、①脇見運転をしていて、②フッと前を見ると前の車が異常に迫っている。③危ないと思って、④ギュッとブレーキを踏む。すると、⑤ブレーキが利いて、車がギッと減速する。しかし、⑥追突するまでに停止はしなかった、と。この場合でも、通常は、①→②→③→④→⑤→⑥という、時系列に沿った因果の連鎖が考えられよう。しかし、実のところ、そうなってはいないのである。

まず、①から②だが、ここにはたしかに時間経過が存している。しかし、この両者の間に因果関係はないだろう。すなわち、脇見運転をしていたことが原因で、その結果、フッと前を見た、ということにはならないだろう。

その際、たとえば、道路脇の人目を引く看板のある場所を通り過ぎた——看板はもう視界にはない——。それで、フッと前を見た。という状況を考慮しても同じである。この場合においても、その場所を通り過ぎたことが、フッと前方を見たことの原因であるわけではないだろう。フッと前方を見たことの原因をあえて言うならば、それは結局、端的に車を運転していたということだろう。車を運転していなかった——後部座席に乗っていた——のであれば、その人は必ずしも前方を見なかったであろうから。そうであるならば、ここにおいても、原因と結果、つまり、車の運転とフッと前方を見たこととは、同時に生じていることになろう。そしてまさにいま、車を運転して看板の場所を通りすぎ、フッと前を見ると、前の車が異常に迫っていたのである。

そこで次に、このように前の車が異常に迫っていたこと(②)と危ないと思ったこと(③)との関係だが、この両者の間には、たしかに因果関係があるようにも見える。また、時間経過もあるように見える。しかし、この両者も実は因果関係ではないし、また、もとよりそこに時間経過は存さないだろう。というのも、「前の車が異常に迫っている」と認識することと、「危ない」と思うこととは、まったく同じことであろうから。つまり、「異常に迫っている」という認識は、そのまま「危ない」という認識なのだからである。

では、危ないと思うこと(③)と、ギュッとブレーキを踏むこと(④)との間には、因果関係があるのだろうか。だが、この両者の間にも、直接の(本来の)因果関係はないだろう。というのも、危ないと思ったからといって、ブレーキをギュッと踏むことには必ずしもならないからである。パニックになって、何もできないかもしれないし、あわててアクセルを踏んでしまうかもしれない。だとすれば、ここにも補われるべきプロセスが存するのである。それは何かといえば、いうならば、脳がブレーキを踏めと、正確に指令を出すこと、さらには、この指令に基づいて、末端の神経や筋肉に至るまでが、正確に反応することであろう。このことが、ブレーキをギュッと踏むこと(結果)を引き起こす必然的な（恒常的な）原因だろう。

そうであるとするならば、ここにおいても、原因と結果とは、完全に一体で同時に生じていよう。すなわち、目下の身体、とりわけ、ブレーキを踏む足は、脳が指令を発して以来、そのつど神経や筋肉がしかるべく反応すること（原因）によって、そのつどしかるべく動く（結果）。神経や筋肉のそのつどのしかるべき反応が原因で、その結果、そのつど足がしかるべく動くのである。そうであるならば、この原因と結果とは、完全に一体の事柄であろう。そのつど神経や筋肉がしかるべく反応するということが、そのつどまさに足がしかるべく動くということ、そのことなのだから。そして、この連続する反応の、とりあえずの最終段階が、ブレーキをギュッと踏むという行為である。

さて、もとより、このブレーキをギュッと踏むという行為（④）が原因で、ブレーキが利き、車がギッと減速するという結果（⑤）が生じる。これはたしかに原因・結果の関係だ、と言いえよう。しかし、この両者の間にも、時間経過は存さない。たしかに実際の自動車の構造上は、ブレーキオイルなどが介在し、ブレーキを踏むこととそれが利くこととの間に若干の時間の経過はありえよう。しかし、いまはそうした複雑な構造はたどらない。原因と結果との端的な関係を捉えるために、電気の際と同様に、最単純化をする。すなわち、ブレーキペダルの先が直接ブレーキ部分を圧迫し、それによって直接ブレーキが利く、とする。

そうであるとすれば、ブレーキをギュッと踏むということ、すなわち、ブレーキ部分を圧迫するということ（原因：④）と、ブレーキが利くということ（結果：⑤）とは、一体で同時に生じる事柄である。決して一般にイメージされるように、ブレーキを踏んで、次いでブレーキが利くということ（④→⑤）ではない。そうではなく、両者は一体で同時なのである（④＝⑤）。

さらに、目下の場合、電気回路において、回路と電流と発熱とが垂直方向の三層をなしたのと同様に、ブレーキを踏むこと④とそれが利くこと⑤とが、垂直方向の二層をなす。すなわち、ブレーキが利くということは、ブレーキをギュッと踏んでいる、正確にその間であり、その間のみである。この上下（垂直方向）に並ぶ一体の因果が、一体のまま、時間が水平方向に経過するのである。

この間、ブレーキを踏み続けることで、車は減速する。もとよりこうした減速の経緯を経て、事故へと至るわけだが、しかし、この減速⑤が、当の事故の原因だ、ということにはならないだろう。そうではなく、やはりその原因とは、車が前の車の停止位置に至るまで停止できなかったこと⑥であろう。車はブレーキによって減速したが、しかし、追突するに至るまで、その速度はゼロにはならなかったのであり、このゼロにならなかったということが、追突事故の原因なのである。そうであるならば、それは、やはり、追突したという結果と一体であり、また、事柄として同一である、そして、同時であるということになろう。

このようにやや詳しくたどってみるならば、当初、因果の連鎖のプロセスと見られたものが、総じておよそそうしたものではないということが明らかになろう。すなわち、正確に原因・結果の関係を捉えるならば、この両者は、ことごとく一体で同時に生じる事柄とならざるをえない。いつでも因果一体の事柄が、一体の事柄のまま生起するのであり、また、しばしば一体のまま生起し続けるのである。

このことを確認するために、さらに二、三の事例を検討しておこう。

神経細胞における情報伝達のプロセス

まずは、情報の伝達の過程を取り上げたいが、ただし、それは人間どうしのものではない。この人間どうしの情報伝達も結局は同じ構造になると思われるが、いま検討したいのは、先にブレーキを踏むという動作の折に垣間見られた情報伝達、すなわち、神経細胞における情報の伝達である。

この伝達が、またしばしば、原因・結果の連鎖である、というようにイメージされる。それによれば、ブレーキを踏めと脳が指令を下すと、それが原因となって、指令を下した細胞の隣接部が反応する、つまり、指令を受け取る（結果）。さらに、この反応が原因となって、さらにその隣接部が反応する。さらにこれが原因となって……というように、脳の指令すなわち情報が、因果の連鎖として次々に伝達されていく、と。

少々ディジタル的に図式化するならば、こうなろう。すなわち、脳内のある部位（m_0）が、情報を発信する。つまり、マイナス（－）からプラス（＋）の状態となる。すると、これが原因で、その結果、次の瞬間にこの部位に隣接する部位（m_1）がプラス（＋）となる。さらに次の瞬間にはさらに、これが原因となって、隣接する部位（m_2）がプラスとなり、というように、因果の連鎖においてプラスの状態が次々と引き継がれていく、と。

けれども本当は、このプロセスも因果の連鎖になってはいないのである。というのも、そのつど次の隣接部位がプラス（＋）となる原因は単に、先立つ部位がプラス（＋）となったことのみではないからである。そうではなく原因とは正確にはさらに、たとえば、次の部位（m_1）が一定時間において支障をきたすことなく、プラス（＋）となるということ――そのようにこの部位が組織化されており、かつ、その組織が正常に機能するということ――でもなければばならない。要するにそれは、そのつど情報を伝達する神経細胞の各部位が、まさにそのような部位として、そのつど正常に機能するということにほかならないだろう。まさにこのことによってこそ、情報は次々と伝達される。つまり、情報の伝達は、それを行なう各部位がそのつど正常に働く限りにおいて、起こり続けるのである。

このように見るならば、こうした情報伝達も、ボールの運動や、紙やカーテン等の燃焼の場合とまったく同じ構造を示しているということが分かろう。すなわち、運動しているボールは、そのものの性質において、運動し続けるのであり、燃え始めた紙やカーテンもまた、それ自身の性質において燃え続ける（場合によっては、その火は、燃えている物の性質によって、消える）。これらの場合とまったく同様に、情報伝達が始まった神経細胞においては、それぞれの細胞が、その性質（機能）において、情報伝達を行ない続けるのである。

原因・結果の時間関係という点からすれば、むろん、ここにおいて両者は同時である。というのも、そのつど情報伝達反応が起こるという結果は、その原因——すなわち、そのつど情報伝達を行なう当の部位が正常に機能する（情報伝達反応を起こす）ということ——そのことなのだからである。

ここにおいても、決して因果連鎖という連なりが生じているのではない。そして、一歩踏み込むならば、ここに生じていることは、そもそも因果関係なのかどうかも、問題である。それは、後に論じることだが、むしろそれは、神経細胞における情報伝達システムというものが、端的に機能しているということ、そのことであり、それにつきると言うべきであるのかもしれない。

こうした事情は、神経細胞間の情報伝達に関してもまったく同様だし、すでに触れたが、人間どうしの情報伝達に関しても、ほぼ同じである、と言うことができようかと思われる。

音や波の伝播のプロセス

次に言及しておきたいのが、音や波の伝播に関してである。というのも、音や波の伝播が、しばしば因果の連鎖とイメージされようからである。しかし、こうした事例に関しては、もはやそれほど詳しい議論は必要ないだろう。というのも、この場合も、ボールの運動や、紙やカーテンの燃焼、そして、神経細胞の情報の伝達の場合と、まったく同様の構造を呈するからである。

たとえば、釣り鐘をゴーンと突くとゴーンと音が出る。この音が空気中を伝わって、かなり遠くでも、ゴーンと聞こえる。途中、音の波が空気中を次々と伝播し、そのつど一瞬前の空気の振動が原因で、一瞬後のそれが結果だというわけだが、本当は、原因は一瞬前の空気の振動であるのではないだろう。というのも、もし、空気という物質が、当の振動を次々と伝えるという性質をもっていないのだとすれば、たとえ一瞬前にそれが振動していたとしても、それが伝わるということにはならないだろうから。もとより、聞き及ぶ限りでは、音を伝えない物質というものは存在しないということだが、とにかくも、空気は音を次々と伝える。そうであることにおいて、音が伝播する原因とは、まさに空気において、音が伝播するということ、空気が音を次々と伝える性質をもつということ、このことなのではないだろうか。そうであるならば、空気中を音が伝播する原因と結果とは、同時で一体である。というのも、音は空気中を伝播するということ――そうした空気の性質――が原因で、その結果、音は空気中を伝播するのだから。

こうした音の伝播には、また、時間がかかる。しかし、もとよりそれは因果間に時間の経過があるから、というわけではない。そうではなく、それは紙の燃焼などの場合と同様に、音が伝播するについては、端的に時間がかかるのだからである。その経過時間の長さは、音を伝えるものの性質による。水の場合には、音は空気の五倍ほどの速さで伝播するという。

水面の波なども、当然のことながら、まったく同様だろう。たとえ、何らかの力がかかって波が発生したとしても、もし波立った液体が、非常にねばねばしていて容易に波が伝播していかない性質のものであったとするならば、波はまさに容易には伝播してはゆかない。それに対して水面の波が次々と容易に伝播してゆくのは、水がさらさらとしていて、波が次々と伝播しやすいという、そういう性質のものだからである。そうであるならば、水面の波が次々と伝播していく原因は、決して直前の水面が波立っているということではないだろう。そうではなく、それは直前の波を容易に伝播するという水の性質なのである。

そうであるとするならば、ここにおいてもまた、原因（波を伝播させる性質）と結果（波が伝播する）とは、同時で一体である。しかし、にもかかわらず、この伝播にはむろん時間がかかる。ならば、それは因果間の時間経過ではありえないだろう。とにかくも、原因と結果とは同時で一体なのだから。では、それは何の時間経過なのかといえば、それはやはり事柄そのもの、つまり、波の伝播ということそのことの時間経過である、ということになろう。そして、その時間経過の長短は、波立つ物体の性質によることになろう。ねばねばした物体においては、物体のその性質のゆえに、波の伝播には時間がかかるのである。

第4節　原因と結果は同時である——カントとラッセル

このようにして、さまざまな事例を検討してみるならば、原因と結果とは、正確に捉える限り、ことごとく一体で同時だ、ということになりそうである。それらは、ヒュームの言うような例外的なケースであるというわけではないだろう。原因と結果とは、言うならば構造的に一体で同時である、と考えられうるのである。

同時に生じる原因と結果との間に、なお時間秩序はある——カント

だが、振り返るならば、意外なことに、実はカントがこのこと、つまり、原因と結果とは同時なのだということを認めているのである。認めつつ、こう論じるのである。

ここでわれわれがおそらく気づかなければならないことは、目下の見て取られるべき問題は、時間の秩序なのであって、時間の経過なのではない、ということである。つまり、たとえ時間の経過が存していないのだとしても、［時間の］関係［つまり時間の秩序］は相変わらずあるのだ、ということである。原因の原因性とその直接の結果との間の時間は、消失しうる（つまり両者は同時でありうる）。しかし、一方の他方に対する時間的な関係は、やはり依然としていつでも決定しうるのである。（B248）

原因と結果との間に時間経過がない、つまり、両者が同時だ、ということは大いにありうる、とカントは言う。ただしカントの主張の根幹は、因果関係こそが時間関係もしくは時間秩序を定めるのだ、ということであった。カントは、この自らの主張の根幹を捨てることはできない。それゆえにカントは、たとえ原因と結果との間に時間経過は存さないとしても、両者の間には、依然として時間的な秩序は存在しているのだ、と論じる。したがって、時間秩序を定めるのは、やはり因果関係である、と。しかし、時間経過のない時間秩序とはいったい何なのだろうか。時間経過のないところには、やはり時間秩序は存在しないのではないだろうか。

ボールどうしの衝突の例によれば、たしかに、二つのボールが衝突することによって、それまで静止していたボールが動き出すのであって、その逆ではない。また、電気の回路ができることによって電気が流れるのであって、その逆ではない。紙は燃え始めるのに十分なだけ熱せられて、燃え始めるのであって、その逆ではない。ここにはたしかに、事柄の順序が存在する。しかし、それらはあくまでも事柄の順序なのであって、時間の順序、つまり、時間秩序ではないだろう。

原因と結果の成立は、ことごとく同時である。そうであることにおいて、そこには、時間経過も時間秩序も存在しない。原因・結果の関係と、時間経過もしくは時間秩序とは、別個で独立なのである。

原因と結果との間に時間経過は存在しない——ラッセル（1）

ところで、原因・結果との間に時間経過はありえない、という議論を現代において正面から論じたのは、一九一二年におけるB・ラッセルである。ラッセルは、まずはこう論じる。

哲学者たちが、原因と結果とを時間的に連続したものと考えているということは、疑いえない。しかし、［……］そういうことはありえないのである。もし、そうだとすると、無限小の時間間隔というものは存在しないのだから、原因と結果との間には、ある有限な時間経過τが、あるのでなければならない。しかし、このことは、即座に克服不能な困難を引き起こす。というのも、われわれが間隔τをどんなに短くしようとも、その間に、期待された結果を阻む何事かが起こりうるからである。（Russell, B., "On the Notion of Cause" in *The Collected Papers of Bertrand Russell*, London, 1992, vol. 6, p.197）

ラッセルは、いうならば、構造的な観点に立ち返って論じている。すなわち、ある原因は、必ずある一定の結果（「期待された結果」）を引き起こすのでなければならない。しかし、まず原因があって、その後で結果が引き起こされるということであれば、原因と結果との間に、いわば何か予期せぬ出来事が起こる時間的な余地が必ずあることになる。そして、この予期せぬ出来事は、本来であれば起こるはずであった一定の結果（「期待された結果」）が起こることを阻止し、まったく別の結果をも起こしうる。そうだとすると、ここにおいては、原因がある一定の結果を引き起こすという、そもそもの因果関係が、構造的に成立しないことになる。したがって、原因がまずあって、結果がそれに続くという、因果の時間的連続性というものは原理的にありえない。そうした時間的な連続性とは、単に（固陋な）哲学者たちの思いこみにすぎない、という。

要するに、原因と結果とは、同時でなければならない、というのである。

そもそも因果は存在しない――ラッセル(2)

だが、ラッセルはここで、さらに議論を一歩進めている。というのも、このようにして、原因と結果とが本来同時のものであるとするならば、それらはそもそも原因・結果ではないのではないか、因果関係だと哲学者たちに、あるいは、一般に思われているものは、実は因果関係ではないのではないのか、と論じるからである。

その議論は、たとえば、こうである。

> 相互に引き合っている物体どうしの運動においては、原因と呼ばれうるものは何もないし、結果と呼ばれうるものも、およそない。あるのはただ等式のみである。(p.202)

簡単に、物体の落下ということで捉え返しておくならば、物が落下するのは、重力のせいだ――重力が原因で、その結果、物が落下する――と、哲学者たち、あるいは、一般に私たちは考える。しかし、これまでにも見たように、本当は重力のせいで物が落ちるのではない。そうではなく、重力があるということが、物が落ちるということそのことなのであり、この二つの事柄は一体で同時なのである。

こうした事態をこれまで私たちは、原因(重力)と結果(物の落下)とが一体で同時だと論じてきた。しかし、ラッセルは、ここに存するのは、そもそも原因と結果とではなく、端的に、同一性もしくは「等式」($S=(1/2)gt^2$:物は障碍がない限り落下し、落下距離Sは、重力gと時間tの二乗との積の半分であるということ)なのだ、と言う。

そして、さらに、こう敷衍する。

> 哲学者たちが基本的であると考えていることは、ある出来事Aが、別の出来事Bを「引き起こす」［AがBの原因である］ということなのだが、このような事例とは、本当はただ、実際的な観点にしたがって隔離されたシステムの、もっとも単純化された実例であるにすぎないのである。（p.204）

すなわち、重力が存するということを、一つの「出来事」（A）とすれば、哲学者たち――あるいは、一般に私たち――は、それが物の落下という別の出来事（B）を引き起こす、つまり、この二つの出来事の関係は因果関係である、と考える。だが、ラッセルによれば、そこに存するのは、およそ原因でも結果でもなく、端的に「等式」なのである。そして実際に起こっていること（「事例」）とは、この「等式」すなわち「実際的な観点にしたがって隔離されたシステム」の「もっとも単純化された実例」なのだ、という。

少々分かりにくいが、こういうことである。すなわち、物が落ちるということは、私たちの実際的な観点――つまり、目下の場合、日常的な関心――のもとで捉えられた一つの出来事である。この出来事が、他のさまざまな物事から分離されて、いわば純粋にこの出来事として取り出され、隔離される。つまり、たとえば空気の抵抗とか、途中で何かがぶつかるとか、また、手を出して落ちている物をつかんでしまうとかということを全面的に排除して、物が落ちるということの一事が隔離される。するとここに物の落下に関する「等式」――$S=(1/2)gt^2$（落下の法則）――が成立する。これが、ラッセルの言う「実際的な観点にしたがって隔離されたシステム」である。物が落ちるという、このことに関して存在しているのは、原因でも結果でもなく、端的にこの「等式」、つまり「隔離されたシステム［仕組み］」のみである。そしていま、物が落下しているとすれば、それは何が原因で何が結果なのかということにはおよそ関わりなく、この「等式」（「システム」）の「実例」だ、というのである。

要するに、物は、この「等式」（「システム」）どおりに、端的に落ちるがゆえに落ちている。ちょうど転がっている物が、その動きを阻止されない限り、そのものの性質において転がり続けるのと同様に（この場合の等式は、$\boldsymbol{mv}$＝C：動きが阻止されない限り、速度・方向（$\boldsymbol{v}$）はコンスタント（C）である）。そうであることにおいて、こうした落下および運動は、当の「等式」・「システム」の「もっとも単純化された実例」、つまり、単純化されて「システム」どおりの出来事であると見なされた限りでの、この「システム」の「実例」なのだ、というのである。

別の例によるならば、（固陋な）哲学者たちは、ラッセルにしたがえば、ことごとくこう考える。すなわち、二つのボールの衝突という「出来事」（A）が、静止していたボールが動き始めるという「出来事」（B）を引き起こす、と。また、電気回路の成立という「出来事」（A）が、電気が流れるという「出来事」（B）を引き起こし、さらに、このことが回路の発熱という「出来事」（C）を引き起こす。私が押すという「出来事」（A）が、キューやイスが動くという「出来事」（B）を引き起こす等々、と。つまり、「出来事」（A）が「出来事」（B）の原因であり、また、電気の場合、さらに「出来事」（B）が「出来事」（C）の原因である、と。

しかし、総じて、こうした出来事間の関係は、決して因果関係なのではない。そうではなく、そこに存するのは、ラッセルによれば、やはり端的に「等式」（「システム」、仕組み）なのであり、実際に生じていることは、ことごとく、この「実際的な観点にしたがって隔離されたシステム」の「もっとも単純化された実例」なのである。

たしかに、二つのボールの衝突ということも、実際的な観点のもとで取り出された一つの出来事であろう。それが隔離されて、一定のシステム、つまり等式（$m_1v_0 = m_1v_1 + m_2v_2 = C$）――自然法則――として捉えられる。そうであることにおいて、あらゆる衝突は、このシステム（等式）の実例となる。つまり、決して衝突（原因）によって、さまざまな変化（結果）が生じるのではない。そうではなく、衝突という出来事が、衝突したものどうしが一定の仕方でその速度・方向を変えるということ、そのことにほかならないのである。

電気回路や、また、キューやイスを押すということ、さらには火災のプロセスや情報伝達等々に関して、立ち入って論じる必要はもはやないだろう。

こうした出来事に関して、これまで私たちは、それらを依然として因果関係であるとして論じてきた。ただし、その関係は、決して一般に考えられるように、時間的に相前後するという、時間的な経過を伴う関係なのではなく、一体で同時であるという、そういう関係なのだ、と。原因と結果とは、総じて一体で同時なのだ、と。

これに対して、ラッセルはさらに一歩踏み込むのである。すなわち、二つの出来事が一体で同時であるとするならば、それらの関係は、決して因果関係といったものではない。そうではなく、それは端的に「等式」という関係、つまり「関数」関係という「隔離されたシステム」（科学的法則）なのであり、実際に起こっていることとは、このシステムの実例にすぎないのだ、と。

こうした見方によれば、世界は決して因果の連鎖によって成立し、それに即して進展するのではない。そうではなく、とりわけ自然現象には、総じて「等式」・「システム」――関数関係・自然法則――が存しており、世界もしくは自然は、端的にこの「等式」・「システム」に即して進展する、というのである。

第2章　原因・結果とは何なのか

——ダメット、マッキー、黒田亘、ハンソンへの批判的検討

自然科学に、原因・結果の概念は不要である、とはよく言われることである。そこには、科学法則があるのみで、因果関係なるものは存在しない、あるいは、機能しない、と。ラッセルの議論も、たしかにそのような議論であると見ることはできる。しかし、問題は、単に自然科学といった限定された領域に関わるものではない。そうではなく、総じて、はたして因果関係なるものは存在するのかどうか、機能するのかどうかということである。ラッセルは、そうしたものは、存在しない、機能しない、と論じるわけである。

第1節　原因・結果の問題性

たしかに、これまでの私たちの諸例の検討からしても、いわゆる因果関係なるものは、重大な問題を孕んでいるということは、すでに明らかだろう。生じたことには何であれ、必ず原因がある。つまり、一定の原因からは、必ずある一定の結果が生じる。しかも、こうした原因は、結果に対して時間的に先行する。私たちは、こう了解する。しかし、こうした了解は、成り立ちえないのではないか。

ラッセルは、まさに、こうした了解の原理的な問題性を突いた。それによれば、原因が、結果に対して時間的に先行するということは、構造的にありえない。

実際私たちのこれまでの諸例の検討からしても、原因が、結果に対して時間的に先立つということはなかった。ビリヤードや火災、そして、追突事故等の一連のプロセスにおいて、また、神経細胞の情報伝達や、音や水面の波の伝播等において、原因と結果とはつねに一体で同時であったのである。

一九一二年においてラッセルは、まさにそうであるがゆえに、因果関係などというものは、総じて存在しないのだ、と宣言した。たしかに、とりわけ転がっているボールや、神経細胞の情報伝達、音や水面波の伝播等を見ていると、まさにそのとおりであるように見える。転がっているボールはその物の性質ゆえに転がり続け、神経細胞においては、そのシステムゆえに情報が次々と伝達され、音や波も、それを伝播するという物体の性質ゆえに、まさに次々と伝播する。それは因果関係というよりは、その性質、そのシステムのゆえに、そうなる、つまり、原因も結果もなく、ひたすらそうなるがゆえにそうなるという、まさにそのようなのである。

第2節　私たちの因果了解

しかし、だからといって原因・結果という観点はまったく無意味であり、単なる誤認であるとして、端的に捨て去ってしまうことはできないだろう。

私たちの自然な了解

たしかに、物の落下は、一つのシステム（仕組み）であり、一つ一つの物の落下は、そのつどそのシステムの「単純化された実例」であるのかもしれない。けれども、私たちはやはり、重力が、物の落下の原因であると、自然に考えるのである。同様に、止まっていたボールが動き出したのも、私たちが突いたことや、あるいはまた、衝突が原因だ、と私たちは自然に考えるのである。しかも、このような原因は、たしかにそのつど結果を必然的に引き起こしてもいる。

たしかに、ここにおいては、原因と結果とは同時に生じている。私たちはそれを、時間的に相前後するものと誤認してはいる。しかし、とはいえ私たちは、このような二つの事柄の関係を、とにかくもごく自然に、動かしがたく、因果関係であると捉えているのである。

あるいはまた、火災があって調べたところ、その原因は電気のショートであった。追突事故があって、調べたところ、その原因は脇見運転だった。あるいは、ビリヤードボールの一つがみごとに角のポケットにコトンと落ちたとすれば、その原因は、あの人が最初にこう突いたことだ、と私たちはまた、自然に考えよう。これらの場合、原因とは、明らかに、結果を必然的に引き起こす原因ではない、つまり、それがあったからといって、必ずしも同じ結果が生じるわけではない。にもかかわらず、私たちは、これらの二つの事柄の関係を、とにかくも揺らぐことなく、因果関係であると了解する。

このように見るならば、私たちが了解する因果関係については、このように言うことができるだろう。すなわち、いわゆる因果関係なるものは構造的に成立しない。つまり、時間的に先行する原因が後続する結果を必然的に引き起こす——時間的に先行する必然的な原因なるものがある——ということは、およそありえない。にもかかわらず私たちは、このことに無自覚なまま、ごく自然に、揺らぐことなく、因果関係なるものを想定している。しかも、この因果関係は、私たちの日常生活に広く深く浸透している、と。

私たちの因果了解の二つのタイプ

振り返るならば、そのように私たちの日常生活に広く深く浸透している因果関係とは、第一に、たとえば、重力と物の落下との関係であり、また、衝突や突くこととボールが動き始めることとの関係、電気のショートと大量の電流の発生、そして、回路の高熱化との関係、この高熱化と紙の発火との関係等々である。こうしたこれまでに論じたほぼすべての（同時的で必然的な）関係性（①）を、因果関係であると、しかも、時間経過を伴った、まさに典型的な因果関係であると、私たちは了解している。

さらに第二に、これとは違ったタイプの関係性（②）をも、私たちは因果関係であると了解している。それは、時間的に相前後する二つの事柄が、たしかに密接に関連してはいるが、一方が他方を必然的に引き起こすということはないという、そういう関係性である。電気のショートと火災、脇見運転と追突事故、ビリヤードの最初の一突きとボールの終着点等が、それである。私たちは、起こることには必ず原因がある、つまり、原因は結果を必然的に引き起こす、と了解している。しかし、これらの例においては、そうはなっていない。つまり、原因は必ずしも当の結果を引き起こすわけではない。にもかかわらず、私たちは、こうした本来原因ではありえないものを、何のこだわりもなく「原因」だと解しているのである。

ここに、いまやこう言うことができよう。すなわち、私たちが思い描くそもそもの因果関係なるもの——時間的に先立つ原因が、後続する結果を必然的に引き起こすという関係性——は実は存在しない。にもかかわらず私たちは、依然そうした因果関係が存在していると想定している。そして、この想定においては、タイプの異なる二種類の関係性（①、②）が――あたかも同じ因果の関係性であるかのように――了解されているのである、と。

因果関係とはそもそも何なのかを論究するに当たって、このような私たちが自然に了解する因果関係を度外視することはできないだろう。そこでまずは、このように私たちが自然に抱く因果了解とはいったい何なのかを、諸家の議論を参照しつつ、つきとめておこう。

第3節　ダメットによる二つのタイプの因果

私たちが自然に了解する因果関係とは、いったい何なのかを見て取るに当たり、まず一瞥しておきたいのは、現代英米哲学の泰斗であるM・ダメットの議論である。というのも、ダメットは、私たちの了解する、かの二つのタイプの因果関係（①、②）を、まさに二つのタイプの因果関係として提示し、論じているからである。それは、おおよそ次のようである。

直近の因果（immediate cause and effect）

まずは、かの第一のタイプの因果関係（①）だが、ダメットはこれを「直近の原因（immediate cause）」・「直近の結果（immediate effect）」と呼ぶ。ダメットの示す例は、ニュートンの運動の法則だが、一般に、力の作用、たとえば引力（重力）は、時間的空間的に直近の結果を引き起こす。すなわち、引力（重力）が作用している場においては、それが原因で、その結果、――それを阻止するものがない限り――物は即刻その場で落下する。そのほか、まさにかの第一のタイプの因果関係が、ことごとくこの「直近の」因果関係である。

ただし、私たちは、こうした関係を、因果間に時間経過を伴うものと了解しているわけだが、ダメットは、ここに時間経過は存さないことを洞察している。力の作用（原因）とその結果とは、「同時である」(Dummett, M. A. E., *Truth and Other Enigmas*, Harvard, Cambridge, Massachusetts 1978, p.320)、と。あるいは一般に、「原因は、その直近の結果を引き起こすについては、およそ時間的な空白なしに作用する」(ibid.) とも。

たしかに「直近の」因果関係においては、原因と結果とは同時であろう。すでに言及したように、ラッセルは、これは因果関係ではない、と論じた。だがダメットによれば、これは一つの因果関係なのである。

遠隔の因果（remote cause and effect）

次に、第二のタイプの因果関係（②）だが、ダメットはこれを「遠隔の原因（remote cause）」・「遠隔の結果（remote effect）」と呼ぶ。例示される「遠隔の原因」は、転がるボールの最初の一突きであるが、むろん、火災における電気のショート、追突事故における脇見運転等が、この原因である。そして、それぞれに対応する結果が、「遠隔の結果」である。

さて、ダメットによれば、この「遠隔の原因」・「結果」の間には、必然性が存している、という（たしかに必然性という用語は使われないが、いずれにしても、「十分条件」(p.320)、「規則性」(ibid.)、あるいはまた、恒常性といった、いわばある堅い関係が成立している。ここでは、必然性と表現する）。すなわち、ビリヤードボールを最初にコツンと突く。これ（「遠隔の原因」）によって、ボールは転がりはじめ、それがあちらこちらのボールやビリヤード台の縁にぶつかりながら転がって、やがて止まる。その他のボールも同様にして止まる。こうしてあれこれのボールが止まった位置が、「遠隔の結果」である。ここにおいて、この「遠隔の原因」（最初の一突き）と「遠隔の結果」（それぞれのボールの最終位置）との間には、必然性があるという。なぜなら、この間に生じていることとは、「簡単な物理法則」（p.321）に従った「型どおりの事柄」（p.320）なのだから。つまり、この間すべてのボールは、物理法則に従って、まったく必然的に転がり続け、そして止まったのだから、というわけである。

こうして、ダメットによれば、「ヒュームのジレンマ」（ibid.）もまた、解決するという。この「ジレンマ」とは、原因と結果とが同時であるとすれば、およそ時間の経過というものがなくなってしまうという、かのヒュームの議論である。これが解決する、という。なぜなら、必然的な関係で結ばれる原因と結果とが、時間経過を伴って存しているのだから。目下の「遠隔の因果」の場合には、必然的な原因が、結果に対して時間的に先行しているのだから。そうであることにおいて、原因が結果を引き起こすについては、時間経過が伴う。それゆえに、世界に時間経過がなくなってしまう、ということにはならない、というのである。

ついては、ダメットによれば、目下の因果関係においては、「本当の意味で時間的な向きがある」（p.333）、という。このような論議をするダメットの意図は、いわゆる逆向きの因果を論じるということである。逆向きを言うためには、逆向きでない、いわば本来の向きがなければならない。それが、目下の因果における「本当の意味での時間的な向き」だ、というわけである。

ただ、ここでは、逆向きの因果といったことには立ち入らない。いま着目したいのは、こうしてダメットが二つのタイプの因果関係を提示するということ、そして、第二のそれが、「遠隔の因果」として提示されるということ、ここにおいて、またもや、因果関係と時間の経過との相即性が主張されるということである。

第4節　遠隔の因果とは何か――ダメット

先に見たように、私たちが自然に因果関係と了解するものには、二つのタイプがある。この二つのタイプをダメットが、このようにして「直近の因果」と「遠隔の因果」と名づけ、提示するのである。以下においては、この因果の二つのタイプについて、ダメットのこの表現を、そのつど借用することとしたい。すなわち、かの第一のタイプ（①：因果が同時であるタイプ）を「直近の因果」、かの第二のタイプ（②：因果が時間的に相前後するタイプ）を「遠隔の因果」と、場合に応じて、呼ぶこととしたい。

それで、論じたいことは、私たちが了解する因果関係なるものの内実、すなわち、私たちが、ある関係を因果関係であると了解している場合、実際そこで何が了解されているのか、ということである。ついては、まずは、第二のタイプの因果関係、すなわち、「遠隔の因果」を取り上げたい。

そこで、まず立ち入りたいのは、かのダメットのさらなる議論である。というのも、それによってまさに、この因果の内実が見通しうるものとなるからである。

ついては、ここで確認しておきたいことは、この因果関係（「遠隔の因果」）は、まさに私たちにとって身近な、ごくなじみの因果関係であるということである。火災の原因、自動車事故や、飛行機事故、また機器をめぐる事故等の原因、洪水や土砂崩れ、雪崩等の原因、かぜや腹痛、成人病やがん等、さまざまな疾病の原因が、この「遠隔の原因」であり、その結果が「遠隔の結果」で、これはまさに枚挙にいとまがない。私たちの了解する因果関係のほとんどがこのタイプである、と言ってもいいほどである。

こうした私たちの因果関係の内実とは何なのか。こうした因果了解において、何が実際に了解されていることなのか。これを明らかにするために、ダメットの議論に立ち入るわけだが、まずは、その根本的な問題点を指摘しよう。

原因的必然性と結果的必然性

その根本的な問題点とは、その必然性の了解の仕方である。すなわち、因果的必然性とは、「原因的必然性（causal necessity, kausale Notwendigkeit）」なのであって、繰り返し触れてきたように、ある原因があれば、それに対応するある一定の結果が必ず生じるというものである。しかし、ダメットの論じる必然性は、決してこうした必然性ではないのである。

すなわち、「遠隔の因果」の場合、これまでにも述べたように、同じ原因があっても、必ずしも同じ結果（「遠隔の結果」）が生じるとは限らない。たとえば、まったく同じ仕方でボールをコツンと突いたとしても、結果が同じになるとは言えない。途中で誰かが手を出してボールを止めてしまえば、それまでだし、地震などが起こったとすれば、それはそれでまた、すべてのボールはまったく違う動きになる。結果はそのつど異なる。こうして、原因と結果とは対応しない。すなわち、ここには「原因的必然性」は存在しない。

ただ、にもかかわらず、ボールの動きはたしかにそのつど、完全に必然的である。ダメットの言う必然性とは、こうした必然性であるわけだが、その際、重要なのは、それは「原因的必然性」とは異なる必然性だ、ということである。

このことは、それ以外の場合でもまったく同様である。電気のショートがあったとしても、フライパンの油や電気機器が発火したとしても、寝たばこをしたとしても、必ずしも火災にはならない。脇見運転をしても、スピード超過をしても、フッと居眠りをしたとしても、必ずしも事故にはならない。ここに、「原因的必然性」は存在しない。にもかかわらず、これらを含めたあらゆる場合において、起こってしまった結果とその原因――「遠隔の因果」――との間には、たしかに必然性がある。ただ、それは明らかに「原因的必然性」ではないのである。

では、この必然性とは、はたして何なのだろうか。それは、こういう必然性だ、と言うことができよう。すなわち、それは、現に起こっている事柄、あるいは、起こってしまった事柄（結果）について、それが現に起こっている、あるいは、すでに起こってしまった限りにおいて成立する、そのつどそのつどの必然性――「結果的必然性」――なのだ、と。

たとえば、ボールをコツンと突いたとたんに地震が来た。それで、ボールの動きはめちゃくちゃになってしまう。しかし、それでも地震の揺れ、それによる台の動き、そしてまたそれによるボールの動きはすべて、「簡単な物理法則」に従った「型どおりの事柄」として、「結果的に」完全に必然的なのである。つまり、それは、そうした事態が起こってしまった限りにおいて成立する「結果的必然性」なのである。

火災や事故、疾病や災害等々のあらゆる場合においても、同様である。「遠隔の原因」があったからといって「遠隔の結果」が生じるわけでは必ずしもない。電気のショートがあったからといって、必ずしも火災が起こるわけではない。脇見運転をしたからといって必ずしも追突事故が起こるわけでもないし、喫煙したからといって必ずしも肺ガンになるわけでもない。だが、それによって火災、あるいは追突事故が起こったとすれば、また、それによって肺ガンになったとすれば、そこにはたしかに必然性がある。たとえば、こうした疾病などの場合も、体質や環境等と相まって、そのつど必然的に体がむしばまれていこう。ただ、それは、「原因的必然性」なのではない。つまり、喫煙していたからといって、体質や食生活等によっては、必ずしも肺ガンになるわけではない。それは、そうではなく、「遠隔の結果」が生じた限りにおいて成立している、そのつどそのつどの——「結果的な」——必然性なのである。

こうして、「遠隔の原因」・「結果」間に成立している必然性とは、「原因的必然性」ではない。そうではなく、それは、「結果的必然性」なのである。

ダメットの言う因果の必然性とは、こうした「結果的必然性」である。ダメットは、この必然性を「原因的必然性」にすり替えようとしているように見える。

「ヒュームのジレンマ」

もう一つの問題点は、「ヒュームのジレンマ」というダメットの想念である。この問題点は、第1章で詳しく論じたわけだが、なおダメットの議論を少々たどっておくならば、こうである。

他方、原因がその結果と同時に存在するのだとすれば、われわれは、ヒュームの提起したジレンマに直面する。というのも、そうだとすると原因の原因が、それはそれでまた結果と同時であることになり、われわれは、ある出来事の因果的起源を、時間的に一瞬たりともさかのぼることができないことになろう。(p.320)

原因と結果とが同時であるとすれば、原因を求めて時間的にさかのぼるということが、およそ不可能になってしまう。ひいては、一般に時間をさかのぼることが不可能となる。つまり、時間経過というものがなくなってしまう。逆に、時間経過があるのだとすれば、つまり、原因を求めて時間をさかのぼりうるのだとすれば、原因と結果とは、時間的に隔たっているのでなければならない（「ヒュームのジレンマ」）。ところで、時間経過は現にある。したがって、時間的に先行する「遠隔の原因」が存在しなければならない。それによってこそ、このジレンマが解決され、時間経過というものも確保される。ダメットもまた、こう考える。

しかし、こうした考えは、もとより誤認である。先に詳しく見たように、原因の原因が、あるいは端的に原因が時間的に先行しなければ、時間経過は存在しない、すべての出来事が一瞬で終わってしまう、などということは、およそない。振り返るならば、たとえば、電気の回路の高熱化の原因は、そこに大量の電流が発生したことであり、そのまた原因は、抵抗のきわめて少ない電気回路が成立し、一定時間存在し続けたことである。これらは、さかのぼりうる原因（因果）の連鎖だが、しかし、だからといって、そのさかのぼりは時間的なそれではない。それらは——いわゆるR回路モデルにおいて——まったく同時なのである。しかも、そこには疑いもなく、時間経過が存している。因果性と時間性とは、相互に独立なのであり、そこにジレンマなどというものはおよそ存さない。この点は、ビリヤードの全プロセス等においても、すでに論じたように、まったく同様なのである——因果関係は、ことごとく同時だが、時間は経過する——。

実際、私たちは、しばしば因果を時間的にさかのぼる、とイメージするわけだが、その際に私たちがさかのぼっているのは、「結果」から「原因」へ、ではない。そうではなく、私たちは、その際には「結果的必然性」をさかのぼっている。具体的には、そのつどそのつど生じる同時で一体の因果そのものを――因果から因果へと――さかのぼっているのである。

たとえば、フェルト面の抵抗によって、ビリヤードボールが次第に減速し、やがて止まった。「止まったこと」（結果）の原因は、フェルト面の抵抗であるということで、その原因を時間的に次々にさかのぼる、と私たちはイメージしよう。しかし、その際に私たちがたどっているのは、原因なのではなく、この原因によって、そのつど同時にボールの速度が落ちた（結果）という、ワンセットの因果（同時で一体の因果）なのである。

私たちは、このワンセットの因果をたどって、そのつどのボールの減速を確認するのである。

さらに先をたどるならば、そのようにころころとボールが転がってきたのは、あの衝突のせいだ、あの衝突が原因だ、と私たちは考える。しかし、ボールが、このようにころころと転がり始めたのは、衝突という原因がまずあって、それに次いで起こったことなのではない。つまり、そのように転がり始めたという結果を時間的にさかのぼることによって、衝突という原因に行き着く、ということではない。そうではなく、この原因と結果とは一体のこととして、同時に生じているのである。ボールの運動を、時間的にさかのぼっていくと、衝突という原因にたどり着くのではなく、衝突とボールの転がり始めという、ワンセットの因果にたどり着くのである。

それ以上のさかのぼりも同様だろう。それで、最後に、ボールの最初の一突きに行き着くわけだが、これも単独で原因であるわけではない。そうではなく、すでに論じたように、その結果と一体である原因なのである。

このようにして、時間経過とともに生起しているのは、そのつどそのつどのワンセットの因果なのである。したがって、私たちが原因をさかのぼるという際には、実は決して原因へ原因へとさかのぼっているわけではない。そうではなく、私たちは、つねに、そのつどワンセットの因果をたどっているのである。

このプロセスにおいて、時間経過の方向を横方向とすれば、因果は縦方向である。つまり、すでに見たように、時間経過と因果関係とは独立なのである。そうである限り、「ヒュームのジレンマ」などというものはおよそ存さないのである。

こうして、「ヒュームのジレンマ」のゆえに、「遠隔の因果」が提起されるのだとすれば、換言すれば、「遠隔の因果」のゆえに、時間経過が確保されると考えるのだとすれば、それは、誤りである。ダメットもまた、ここでヒュームの議論につまずいている。

遠隔の因果とは何か

こうして、「遠隔の因果」をめぐるダメットの議論は、大いに問題である。そこにおいて、その必然性とは、あたかも「原因的必然性」であるかのようだが、実はそれは「結果的必然性」なのである。また、あたかも「遠隔の因果」によってこそ、時間の経過が確保されるかのように論じられるが、そういうこともおよそない。因果は同時で一体であっても、それとはまったく関係なく、時間は経過するのである。

だが、こうした問題点にもかかわらず、ダメットの議論をとおして、私たちの了解する「遠隔の」因果関係というものの内実が、相当程度見通されてくるのである。すなわち、その因果関係とは、「結果的必然性」において結合される——時間的に相前後する——二つの事柄の関係である、と。

ビリヤードのボールが最終的に、これこれの位置で止まった。その原因は、その「結果的必然性」を通して、つまり、そのつどそのつどのワンセットの因果を通して結びつきうる一つの事柄、すなわち、たとえば、ボールの最初の一突きである。ただし、原因はこれのみではない。この「遠隔の因果」のプロセスにおいて、特別なことが何も起こらなかったと見なされる限り、それらが原因として際立つことはないが、厳密には、その間に存する、そのつどそのつどの原因——ワンセットの因果における原因——のすべて、すなわち、他のボールや台の縁との衝突の仕方、フェルト面による抵抗、さらには慣性という性質等が、目下の原因（「遠隔の原因」）である。実際、これらの事柄は、特別の事態が生じたと見なされる際には、原因として表立つ。たとえば、前回と同じように最初の一突きをしたにもかかわらず、ボールは同じ場所に止まらなかった。とすれば、一つのボールの位置が少しずれていたとか、先の衝突によって、台の縁が少々変形していたとか、あるいは、何らかの理由でフェルトの状態が変化していたとか、ということ、すなわち、他のボールや台の縁との衝突の仕方、フェルト面の抵抗のあり方等が、その原因（「遠隔の原因」）と見なされるのである。つまり、それらもまた、生じた結果と「結果的必然性」において結合されうる事柄なのである。

事故や火災、災害や疾病等の場合も同様である。事故や火災が起こると、警察の現場検証がある。そこで何を調べるかといえば、それは、「結果的必然性」——そのつどそのつどのワンセットの因果の連なり——である。追突事故が起こったとすれば、ブレーキをかけた時期、かけ具合、かかり具合、タイヤの状態、路面の状態等々であろう。これらはすべて「遠隔の原因」でありうるのだが、これらの状況がすべて通常どおりで普通の状態だとすると、ブレーキをかけた時期が原因として際立つことになる。それが、非常に遅かった。したがって、原因は脇見運転（によるブレーキのかけ遅れ）である、あるいは、居眠り運転によるそれである等々。火災などの場合も同様である。

また、土砂災害が起こったとすれば、調査チームが調査するのは、やはり土砂災害という結果が生ずるに至った「結果的必然性」、すなわち、そのつどそのつど同時で一体であるワンセットの因果であり、その因果的必然性である。具体的には、一定の傾斜の斜面における、そのつどの雨量と、その土砂の状態との必然的関係性であろう。こうした関係性において、たとえば、あるときの雨量（原因）と土砂災害（結果）とが結びつけられる。

あるいは、喫煙が肺ガンの原因ではないかと考えられたとすれば、そのメカニズムが解明されることとなろう。そこで明らかにされることはまた、たばこの煙の中の何らかの要因と、それなりの特性をもった肺の組織との間のそのつどの必然的関係性だろう。そうであることにおいて、喫煙がその原因であるとされるわけだが、さらには、肺の組織のある特性が、「遠隔の原因」とされることもありえよう。

このようにして、いずれにしても、「遠隔の原因」とは、結果が生じた限りにおいて、その結果と、そのつどの必然性によって結びつきうる一つの事柄である。したがってまた、こうした必然性（「結果的必然性」）の枠のうちに入らないものは、原因とはなりえない。たとえば、車の色が青かったとか、火災を起こした家に火災の絵が飾ってあったとか、前日にある人が土砂斜面を見て、何となく危ないと思ったとか、利き手が左手だとかということは、一般に、追突事故や火災や土砂災害や肺ガンの原因には、なりえない。

こうして、ダメットの議論をとおして、私たちの了解する一つの典型的な因果関係なるものが、いかなるものであるのかが、おおよそ見通されよう。そこにおいて原因とは、ある結果が生じた限りにおいて、その結果と、「結果的必然性」において結びつけられうる——時間的に先立つ——一つの事柄なのである。そして、目下の因果関係とは、このようにして、「結果的必然性」において結びつけられうる、時間的に相前後する二つの事柄の関係なのである。

第5節　遠隔の因果をめぐって――マッキー

このようなダメットの提起する「遠隔の因果」を、分かりやすく定式化して見せたのが、マッキーである。もとより、J・L・マッキーの議論は、「遠隔の因果」に限定されてはいない。しかし、そのそもそもの議論は、「遠隔の因果」論である、と言いえよう。その論議を次に見ておこう。

INUS（insufficient-necessary, unnecessary-sufficient）条件

それによれば、原因とは「INUS条件」である、という。では、INUS条件とは、何なのだろうか。いまここで取り上げるのは、その最も単純な形態であるが、マッキーによれば、こうである。すなわち、INUS条件とは、「結果にとって、それ自体必要ではない（unnecessary）が、十分である（sufficient）という、そのようなある条件の、十分ではない（insufficient）が、必要である（necessary）という、そのような部分」（Mackie, J. L., "Causes and Conditions," in *Causation*, ed. by E. Sosa and M. Tooley, Oxford, Tokyo, 1993, p.34）のことである、と――後ろの二語の頭文字、および、前の二語の頭文字を順に並べて、「INUS」である――。

すなわち、マッキーにしたがって、火災の例によるならば、ある火災が起こって（P）、それを調べたところ、先に述べたようなこと、つまり、電気のショートがあり（A）、ショートの高熱で十分発火しうる距離に可燃物があり（B）、また、この可燃物の炎で十分発火しうる素材でその建物ができており（C）、しかも、火災発生を止めうる装置

（たとえばスプリンクラー）や人が存在するということ（D）が、なかった（¬D）、という状況であったことが分かった、とする。そうだとすると、このABC¬Dという事態は、P（火災の発生）にとっての十分条件（S：sufficient）ではあるが、必要条件ではないもの（U：unnecessary）である（US条件）。十分条件だが、必要条件ではないというのは、ABC¬Dによって必ず火災は発生する（P）が、火災が起きること（P）にとって（ABC¬D）が必ず必要だというわけではないからである。つまり火災は、それ以外の状況、たとえば、調理場のオーブンの異常加熱といったことによっても起こりうるのである。そして、さらに、ここにおけるA, B, C, ¬Dのそれぞれは、目下のABC¬Dという状況（US条件下）においては、火災の発生（P）にとって必ず必要である（N：necessary）が、必ずしも十分な事柄ではない（I：insufficient）。つまり、A, B, C, ¬Dのいずれが欠けても火災は生じないが、また、それらのそれぞれのみでも、火災は生じない。

こうして、A, B, C, ¬Dのそれぞれは、火災の発生（P）にとってのUS条件における十分ではないが必要である（IN）部分もしくは項――INUS条件――なのである。そうであることにおいて、火災（P）の原因は、A, B, C, もしくは、¬D, つまり、INUS条件である、というのである。

「結果的必然性」としてのUS条件

振り返るならば、私たちは、火災の原因が電気のショートであったと聞けば、なるほどと納得しよう。しかし、それが、書斎に飾ってあった火災の絵であったと聞けば、およそ事情が了解できないだろう。それは、マッキーにしたがって言えば、電気のショートは、火災のUS条件を構成しうる、つまり、他の要件と相まって、必ず火災を引き起こす状況を構成しうる——火災の十分条件となりうる——。それに対して、「火災の絵」は、一般には、何とどう組み合わせようと、火災を引き起こす状況を構成する（「US条件」を構成する）とは思えないからである。

この点で、あえて、こう考えてみる。すなわち、ある人物が、その絵に魅せられて放火した、と。もし、そうなのだとすれば、その絵は火災の原因となりうる。というのも、それは、ほかでもない、「US条件」を構成するからである。たとえば、「火災の絵」（A）、「この類の絵に魅せられて必ずや放火に至るまで妄想を拡大してしまう人物」（B）といったものを想定してみるならば、これらの要件が、「US条件」を構成する。すなわち、火災は別の要件によっても発生しうるが、しかし、火災は、この二要件によって必ず発生するのである。

こう考えるならば、「火災の絵」は、電気のショートと同様に、火災の原因となりうる。というのもそれは、「US条件」を構成する一項目、つまり、「INUS条件」だからである。

こうして、原因とは「INUS条件」であることにおいてこそ、まさに原因なのであり、私たちの了解する原因とは、こうした構成になっている、というのである。

このような論議が、ダメットの「遠隔の因果」の論議と重なり合うことは、ほぼ見て取りえよう。たしかに、ダメットの言う「遠隔の原因」と「遠隔の結果」との間は、自然法則によって連続的に繋がっている。これに対して、マッキーの言う「US条件」は、一連のプロセスにおける、いわば要所となる事柄を、いくつか特定し、それらを取りまとめたものである。この点で、ダメットの因果関係は科学的であり、マッキーのそれは、日常的である。しかし、いずれもが、「結果的必然性」をたどることにおいて、原因を特定し、それを結果と結びつけているということにおいて、同様の因果了解がなされている、と言うことができるのである。すなわち、たとえば、かの火災の例を見るならば、マッキーのいうABC￢DというUS条件とは、電気のショート（A）から、火災（P）に至るまでの必然性（「結果的必然性」：現にこれらの条件が出そろった結果、必然的に火災が起こったという、この必然的なプロセス）を提示したものにほかならない。そうであることにおいて、その各項が、そして、通常はとりわけ、電気のショート（A）が、火災の原因であると見なされる。そして、ダメットの言う「遠隔の因果」もまた、この電気のショート（A）から火災（P）に至るまでの必然性（「結果的必然性」）を、自然科学的な法則に基づいて「型どおりの事柄」として提示する。それによって、原因（A）が特定される。ここにおいても、場合によってはさらに、かのB,C,￢Dなども——ビリヤードのプロセスの際と同様に——原因と見なされうる。

このように見るならば、マッキーの因果了解（INUS条件論）とダメットのそれとは、基本的に同様の了解形態であり、前者が後者の日常版である、と言うことができよう。

INUS条件の具体化

こうして、マッキーの議論は、私たちの日常的な自然な了解に沿った、分かりやすいものだろう。私たちは、通常「US条件」といったものは意識せずに、単純に、火災の原因は電気のショートであり、追突事故の原因は脇見運転であり、ボールがこれこれの位置に止まった原因は、最初の一突きがこうだったことであり、土砂災害の原因は前日の大雨、ある疾病の原因は喫煙だ等々と了解する。しかし、振り返るならば、こうしたすべてがたしかに、「INUS条件」なのである。すなわち、追突事故の「INUS条件」は、「時速四〇～五〇キロメートルで走行中の脇見」（A）、「至近距離にある前の車」（B）といったことになるだろうし、ビリヤードの場合のそれは、「最初の一突き」

(A)、「ビリヤード台のフェルト面や縁の状態」(B)、「その他のボールの位置」(C)、そして、地震などの特別なことが起こること(D)は、ない(¬D)といったこと、土砂災害のそれは、「大雨」(A)、「土砂の性質」(B)、「斜面の傾き」(C)といったこと、疾病の場合のそれは、「喫煙」(A)、「体質」(B)、「環境」(C)といったことになろう。

こうした、それぞれの「INUS条件」の総体が「US条件」である。すなわち、この条件がそろえば、必ず、火災は発生し、追突事故は起こり、ボールはその位置に止まり、土砂災害は起こり、その疾病に罹患する。しかし、これらの条件がそろわなくとも、場合によっては、そうした事態に立ち至るのである。そして、原因とは、その一つ一つ、つまり、「INUS条件」なのである。

マッキーの提起する、このような「INUS条件」論は、「遠隔の原因」了解(「遠隔の因果」了解)の内実を、日常的な観点から分かりやすく提示していよう。

第6節　遠隔の因果の正体

繰り返しになるが、私たちが一般に了解する因果関係には、二つのタイプがある。一つは、私たちは一般に時間的に相前後すると了解するにしても、実際には一体で同時である因果(タイプ①:「直近の因果」)であり、また一つは、実際に時間的に相前後する、私たちが非常にしばしば遭遇する因果(タイプ②:「遠隔の因果」)である。いまは、この第二のタイプに焦点を当てて論じているわけだが、ここで、あらためて、当初に立てたそもそもの問いを問いたい。すなわち、ダメットやマッキーによって論じられる、このような因果関係の内実とは、何なのか、と。

そして、それについていまや、こう応じられないだろうか。すなわち、こうした原因・結果の関係づけとは、結果を説明的に再構成するものなのだ、と。

説明的な再構成（1）――ダメットをめぐって

まずは、ダメットの言う「遠隔の原因」に即してだが、この原因は「結果的必然性」によって、結果と結びつけられるものであった。それでは、その際に何が行なわれているのかというと、それは、結果的に生じたある事柄を、原因にまでさかのぼって再構成している、つまり、そのつどそのつどの必然性（ワンセットの因果の必然性）をたどることによって、なぜ、そのような結果が生じたのかについての説明をしているのではないか。

たとえば、ビリヤードをやっていて、最終的にそれぞれのボールがある位置に止まった、あるいは、そのうちの一つが、ビリヤード台の角のポケットにコトンとみごとに落ちた。その原因が、「結果的必然性」（そのつどのワンセットの因果の必然性）をたどることによって、求められようとする。しかし、その際に行なわれることは、なぜ、そういう結果が生じたのかという、起こった事柄（結果）についての説明的な再構成なのではないだろうか。そして、それが、ほかでもない、ダメットの言う「簡単な物理法則」に従った「型どおりの事柄」である、ということなのではないだろうか。

ここにおいて、原因とは、この再構成における一要因――多くの場合、その端緒――なのではないか。つまり、この場合それは、「最初の一突き」である。これによって、起こった事柄の説明的な再構成が完結する。すなわち、最初に、これこれこういう仕方でボールを突いた。それが原因で、それゆえに、こうこうこういうプロセスを経て、こうなったのだ、と。

さまざまな事故や、火災、災害、疾病等々における「原因」(「遠隔の原因」)についても、まったく同様なのではないだろうか。事故や火災が起きれば、現場検証が行なわれる。とすれば、そこで行なわれているのは、事故や火災の説明的な再構成である。つまり、そのつどそのつどの結果的な必然性を積み重ねて、なぜそれが起こったのかを説明する。そしてまた、多くの場合、その端緒が「原因」である。それは、脇見運転やスピード超過であり、また、機器の欠陥や破損、あるいは、電気のショートや機器の過熱、寝たばこ等である。災害や疾病についても同様で、大雨や土質、そして、喫煙や飲酒、あるいは、さまざまな病原菌等だろう。これが原因で、これこれのプロセスを経て、こういう結果となった、というわけである。

原因・結果の関係づけとは、このようにして総じて、生じた結果についての説明的な再構成であろう。

しかもまた、因果関係そのものが、この説明的な再構成を介することなしに成立する、ということもないだろう。むろん、私たちが、現に起こった何らかのことを説明的に再構成しようがするまいが、何らかの原因、もしくは、要因によって、そのことは起こった、と言うことはできよう。しかし、では、その何らかの原因・要因とはいったい何なのか。追突事故の原因は、脇見運転であって、なぜ、その車が青かったことではないのか。火災の原因は、電気のショートなのであって、なぜ、居間の絵ではないのか。それは、やはり、説明的な再構成ができるかどうか、にかかっているのである。つまり、因果関係というものは、説明的な再構成においてこそ、成立するのである。

説明的な再構成（2）――マッキーをめぐって

すでに、明らかかもしれないが、マッキーの提示する「ＩＮＵＳ条件」に関しても、まったく同様の議論ができよう。

すなわち、ある事柄が原因（「ＩＮＵＳ条件」）であるということは、それが他の諸項目と相まって「ＵＳ条件」を構成するということであるわけだが、この「ＵＳ条件」というもの――すなわち、一連の「結果的必然性」を構成する諸事の総体――が、やはり、結果としてのある事柄の説明的な再構成にほかならない。

たとえば、かの火災の例によれば、「電気のショート」（Ａ）、「ショートの高熱で十分発火しうる距離に可燃物」（Ｂ）、「この可燃物の炎で十分発火しうる建物の素材」（Ｃ）、「火災発生を止めうる装置（たとえばスプリンクラー）や人が存在するということ」（Ｄ）が、なかったという状況（¬Ｄ）という「ＩＮＵＳ条件」の総体である「ＵＳ条件」とは、ここに起こった「火災」（Ｐ）についての説明的な再構成以外の何ものでもないだろう。その他、かの奇妙な「火災の絵」の場合もそうであろうし、追突事故における「時速四〇～五〇キロメートルで走行中の脇見」（Ａ）および「至近距離にある前の車」（Ｂ）、ビリヤードにおける「最初の一突き」（Ａ）、「ビリヤード台のフェルト面や縁の状態」（Ｂ）、「その他のボールの位置」（Ｃ）、そして、特別なことが起こること（Ｄ）は、ない（¬Ｄ）ということ、「土砂災害」における「大雨」（Ａ）、「土砂の性質」（Ｂ）、「斜面の傾き」（Ｃ）、疾病における「喫煙」（Ａ）、「体質」（Ｂ）、「環境」（Ｃ）等々という「ＵＳ条件」が、ことごとく「結果」についての説明的な再構成をなしていよう。

こうして、原因と結果とを関係づけるということは、「ＵＳ条件」という、結果についての説明的な再構成を構築することなのであり、原因とは、その一項、すなわち、「INUS条件」なのである。

ただし、このようにして、因果関係というものが、結果についての説明的な再構成において成立するものであるのだとするならば、つまり、「US条件」というものが、結果についての説明的な再構成であるのだとするならば、「US条件」というマッキーの提示する概念は、根本的に不適切なものだろう。というのも、マッキーのいう「US条件」とは、そうであるならば、決して条件ではないからである。電気のショートがあって(A)、その熱によって燃え上がる可燃物があって(B)、建物の建材が、この可燃物の熱で燃えうるものであったということ(C)、そして、電気のショートから建材の延焼に至るまで、それを阻止する何事も起こらなかったということ(¬D)、つまり、今回の火災についての「US条件」(ABC¬D)とは、「条件」なのではなく、この火災そのものの描写だろう。すなわち、(ABC¬D)＝Pなのである。その他の諸例に関しても、まったく同様だろう。

要するに、「US条件」とは、起こった事柄そのものの再現的な描写なのであり、原因である「INUS条件」とは、この再現的な描写を構成する一項なのである。

同一性と必然性

こうして私たちは、ダメットの言う「遠隔の」因果関係なるものが、根本的にいかなるものであるのかを、論じてきたわけだが、それはこう取りまとめることができよう。すなわち、「遠隔の」因果関係とは、ある事柄(「結果」)がなぜ起こったのか、ということについての説明(説明的な再構成・再現)である、と。また、その説明とは、ダメットによれば、「原因」＋「型どおりの事柄」であり、また、マッキーによれば、「US条件」(原因群)である、と。

そうであることにおいて、「遠隔の」因果関係を定式化するならば、次のような同一的な関係性である、ということになろう。すなわち、ダメットに即せば、「結果」＝（「原因」＋「型どおりの事柄」）であり、マッキーに即せば、「結果」＝「US条件」、たとえば、P＝（ABC￢D）である、と。

この同一性は、もとより、因果関係というものが、説明的な再構成であるということ、つまり、結果（P）が起こった限りでの「結果的必然性」を再現したものであるということを意味するものである。だが、またそれは、私たちが、「原因」と「結果」との間に、単に「結果的必然性」ではなく、「原因的必然性」がある――原因があれば必然的に結果が生じる――と了解する際の構図でもある。すなわち、電気のショートがあって（A）、その近くにその熱によって燃える可燃物があり（B）、建物が、その火で燃えうる建材でできており（C）、しかも、電気のショートから建物火災に至るまで、それを阻止する何ものも存在しなかった（￢D）。とすれば、それ（ABC￢D）が原因で、建物火災（結果）は必ず発生する。なぜなら、かのことが、建物火災が発生するということ、そのことなのだから。こうして「原因的必然性」が成立する。すなわち、この「US条件」、そして、ダメットのいう「原因」＋「型どおりの事柄」（目下の場合、電気のショート以外の事柄の総体が「型どおりの事柄」である）が、「結果」そのものであることにおいて、ここに私たちは、「原因的必然性」がある、と了解するのである。なるほど、原因によって必然的に結果が生じるのだ、と。

こうした了解形態のゆえに、私たちはまた、「電気のショート」を単独で「原因」と見なし、そして、この「原因」が「結果」（「火災」）を必然的に引き起こしたのだと考え、ここに「原因的必然性」を想定することにもなる。というのも、ここにおいては、「電気のショート」という「原因」以外の事柄（可燃物の存在や燃えやすい建材、そして、火災を阻止するものの不在等）が、ダメットの用語を使えば、「型どおりの事柄」として――一般的に表現すれば、「自明の事柄」として――無意識に前提され、それゆえに、度外視されるからである。そうであることによって、ここに、単一の原因（「電気のショート」）が、当の結果を必然的に引き起こしうるかのような枠組みが、すなわち、「電気のショート」＝「火災」という、いわば短絡的な同一性の関係性が、設定されるのである。

実際には、むろんここに「原因的必然性」は存してはいない。つまり、「電気のショート」が単独で「火災」を引き起こすことはない。にもかかわらず、このような短絡によって、私たちは、「電気のショート」という時間的に先立つ原因が、必然的に「火災」を引き起こした、と了解してしまうのである。

遠隔の因果という了解

このように見るならば、目下の因果関係の正体が、ほぼ見えてくることになろう。それは、いわゆる「原因」と、自明であるがゆえに度外視された事柄とが、一体になることにおいて、「結果」そのものとなるという、そういう①（「原因」および「その他の自明な事柄」）と②（「結果」）との関係性なのである。それは、つまり、（「原因」＋「その他の自明な事柄」）＝「結果」という関係性なのである。

あらためて、こうした場面を見てみよう。すなわち、熱があって、医者に行ったところ、その原因は「かぜ」だ、と診断された、と。この場合、それで私たちは納得するわけだが、しかし、考えてみれば、「かぜ」を引いた（ウイルスが侵入した）からといって、必ずしも発熱するわけではない。咳や鼻水だけで終わることもある。したがって、本来は「かぜ」は原因ではない――「かぜ」によって必ず熱が出るというわけではない――のである。にもかかわらず、私たちは何の疑問ももたずに、「かぜ」が「発熱」の原因だと了解する。それは、目下の「かぜ」が、発熱の仕組みやプロセスと相俟って、その結果、必然的に発熱に至ったのだと、無意識であるにせよ、了解するからである。つまり、(「かぜ」+「その発熱の仕組み・プロセス」)=「発熱」というように、了解しているからである。

ただ、その際、医師は、「その発熱の仕組み・プロセス」については説明しないし、患者は患者で、自明なこととして、それ抜きで納得する。そうであることにおいて、「かぜ」は「発熱」を必然的に引き起こす原因(「かぜ」=「発熱」)であるという、短絡が成立する。「かぜ」が「発熱」の原因だという、私たちの日常的な単純明快な因果関係とは、この短絡にほかならない。しかし、それはあくまでも短絡である。その本来の関係性とは、(「かぜ」+「その発熱の仕組み・プロセス」)=「発熱」なのである。

追突事故に関しては、こうなろう。すなわち、運転者は脇見運転をしていた。しかし、ある意味で、そういうことはよくあることで、その限り「脇見運転」は事故の原因にはならない。だが、目下の場合、運転者が気がついたときには、前の車が至近距離にあった、つまり、「急ブレーキをかけ、ハンドルを切っても、すでに回避できない距離に前方の車があった」のである。それゆえに追突事故は必然的に起きた(「原因的必然性」)。だが、通常私たちは、「脇見運転」に付随するこうした自明の事柄は度外視する。そのうえで、「脇見運転」が原因である、すなわち、「脇見運転」=「追突事故」、と了解する。しかし、本当はそうではなく、(「脇見運転」+「度外視した自明の事柄」)=「追突事故」なのである。

このほか、目下の因果了解のあらゆる場合について、同じことが言えるだろう。先に詳しく論じたように、時間的に先行する事柄(原因)が、後続する事柄(結果)を必然的にひき起こす、ということはありえない。ここにおいては、やはり、これらの事柄に付随する、自明のこととして度外視された仕組みやプロセスが、存しているのでなければならない。ビリヤードにおける「最初の一突き」と「ボールの最後の位置」、「電気のショート」と「火災」、「喫煙」と「疾病」、「大雨」と「洪水」、「気温の上昇」と「雪崩」、そのほか、「薬」と「病の治癒」、「ナイフの一刺し」と「人の死」、「整備不良」とさまざまな「事故」、「二酸化炭素の排出」と「地球温暖化」等々という、これらすべてにおいて、そうである。すなわち、これらすべてには、それに付随する固有の仕組みやプロセスが存しているのであり、「原因的必然性」は、この仕組みやプロセスを含んだ全体と「結果」との間に成立している。ただ、一般には、こうした仕組み等は、自明のこととして――実はなお、相当不明であるとしても、自明のこととして――度外視される、もしくは、背景化されるのである。電気のショートが原因で火災が起こった、大雨が原因で洪水が起こった、この薬によって病気が治った、ナイフの一刺しでこの人は死んだ、二酸化炭素の排出によって地球は温暖化する等々、と。

何が「原因」として特定されるのか

さて、目下の因果関係というものが、どういうものであるのか、その正体が明らかになりつつあると思われるが、それをさらに明瞭にするために、ここで、それでは、いかなるものが「原因」として特定されうるのか、という問題に立ち入っておこう。

まずは、「追突事故」の例に即して論じよう。これまでと同様に、追突事故が起こって、その原因が脇見運転だった、とする。すると私たちは、それで、なるほどと納得する。すなわち、それで――「その他の自明な事柄」はまったく意識化されないにしても――「追突事故」がなぜ起こったのかが説明された、「追突事故」が説明的に再構成された、と私たちは了解するわけである。しかし、一歩踏み込むならば、「追突事故」が、それによって完全に再構成された（完全に説明された）わけではない。つまり、ある人はさらに、そんなところで、なぜ脇見運転などをしたのか、と問おう。それが分からなければ、なぜ「追突事故」が起こったかは、依然不明だ、と。

そこで、調べたところ、道路脇にひときわ目立つ珍奇な看板が立っていたとか、通りかかったとき、ちょうどそこを、すばらしい美男・美女が優雅に歩いていたとか、という状況であることが分かった。それで、ついついそれに見とれてしまったということであれば、なるほど、と了解する。

しかし、こうした問いは、むろんのこと、きりがない。それでは、なぜ、そこに、それほど珍奇な看板が立っていたのか、あるいは、なぜ、その時そこを彼らが歩いていたのか、などと問いえよう。そこで調べたところ、当の看板の依頼主が珍奇な趣味の持ち主であったとか、また、彼らは、普通はこの時間、脇の小道を散歩するのだが、その日はたまたまその道が工事中であり、それで、自動車道路を歩いたとか、といったことが分かった、とする。それでまた、なるほどと納得する。

しかし、それでは、とまた問われるわけだが、ここで振り返るならば、すでに何が原因とされうるのかが、ほぼ明らかになっていよう。というのも、このように問い続けるならば、そこで特定される事柄は、すべて原因となりえそうであるが、しかし、必ずしもそうではないからである。たとえばすでに、「道路脇に珍奇な看板が立っていたこと」が追突事故の原因であるとか、「ちょうどそこを美男・美女が歩いていたこと」がその「原因」であるとか、と言われれば、私たちはかなりの違和感をもつだろう。いわんや、「道路脇の看板の依頼主が珍奇な趣味の持ち主であった」

とか、「脇の小道が工事中であった」とか、ということが、追突事故の原因である、などということになれば、私たちは、もうほとんどまともに取り合わないだろう。

なぜだろうか。なぜなら、それは、とにかくも、これらの事柄を直接、追突事故と結びつけること（「珍奇な趣味の持ち主」=「追突事故」）は、できない、と私たちが即座に判断しているからである。むろん、一歩踏み込むならば、そこで判断されていることは何かといえば、それは、この「原因」に、「その他の自明な事柄」を加えて、「結果」そのものとすること（「原因」+「その他の自明な事柄」）=「結果」）は、できない、ということである。それは、結局のところ、このことを「追突事故」の原因とするには、なお説明が必要となる、ということであろう。「脇の小道の工事」などの場合は、なお相当の説明が必要となるのである。それゆえにそれは、およそ、その他のことは自明であるとして、追突事故と結合することはできないのである。

このように見るならば、目下の原因とは、まさに、「その他の自明な事柄」と結びついて、結果そのものとなりうるもののことである、とあらためて確認することができよう。目下の原因が「自明な事柄」と相俟って、結果そのものとなりうるからこそ、私たちは、原因と結果とを短絡的に結びつけうる（「原因」=「結果」）のである。すなわちここにおいて、「その他の自明な事柄」とは、まさに「自明な事柄」なのである。それゆえにそれは、結果の説明的な再構成にとっては不要であると、私たちは無自覚的に了解しうるのである。

脇見運転とは、実際こうした原因であろう。それ以外のことは、まさに自明なこととして何の説明もなしに、私たちは了解できる、あるいは、了解できると（無自覚に）思っているのである。

ちなみに、「依頼主が珍奇な趣味の持ち主である」とか、「脇の小道が工事中であった」とかということは、原因

（直接の原因）と区別されて「遠因」とよばれることがある。両者の違いに私たちはしばしば無自覚だが、両者の間にはやはり、了解構造の相違が存している。この点から見れば、「道路脇の珍奇な看板」とか、「美男・美女の歩行」なども――この場合には、それほど「遠い」と感じられないにしても――「遠因」に属そう。

まったく同じことが、「火災」に関しても言いえよう。火災が発生して、電気のショートが原因だ、と聞かされれば、多くの人が納得しよう。しかし、ある人は、なぜ電気のショートなどが起こったのかと問おう。そこで調べたところ、電気コードの上に、重いテーブルの脚が長期間乗っていたからだ、ということが分かったとする。さらになぜそうなったのかと調べたところ、コードを絨毯の下に隠して通したところ、ある時、掃除の折にその上にテーブルの脚が乗ってしまったのだ、ということが分かった。それで、「絨毯の下に電気コードを通したこと」であるとか、いわんや「掃除をしたこと」であるとか「テーブルが重かったこと」であるとかが、「火災」の原因であるなどと言えば、皆、理解に苦しもう。それは、まさに原因ではなく、遠因なのである。その他、ビリヤードや、さまざまな事故、洪水や土砂崩れ、雪崩、かぜや腹痛、成人病やがん等、さまざまな疾病等々に関しても、まったく同様であろう。

こうしたことから見て取りうることはまた、目下の因果了解というものが、きわめて直感的、あるいは、経験的・慣習的である、ということであろう。何が「原因」であり、何が「遠因」であるかは、多分に私たちの直観、経験そして慣習に依拠しているのである。

自明ではないという原因の特性

こうして、原因（遠因ではない原因）とは、「その他の自明な事柄」と一体になって、結果そのものとなる事柄である、と言いえよう。だが、なお一歩踏み込むならば、では、「自明な事柄」は、どうして原因とされないのだろうか。脇見運転をしていて、ハッと気がついて、ギュッとブレーキを踏み、ブレーキが普通に（通常どおりに）働いたが、間に合わなかった。という場合、そこで、なぜ「ブレーキが普通に働いた」ということは、追突事故の原因にならないのだろうか。

それは、当然だろう。ブレーキが普通に働かなかったということであれば、それは原因になりえようが、それが普通に、つまり、正常に働いたのであれば、事故の原因にはなりようがない。と、こう返答されそうである。

それは、そのとおりだろう。だが、実はそこには、原因の、そしてまた結果のある特性が表現されている。それは、普通ではない、当たり前ではない、自明ではないという、そういう特性である。

すでに論じたように、原因の提示は、結果の〈なぜ〉が問われること（結果の説明的な再構成）においてなされるものである。そうであるとすれば、そもそもまずは結果が、何らかの特別な——普通でない、当たり前でない、自明でない——事柄でなければならないだろう。というのも、普通の、当たり前で、自明な事柄が起こっている限り、そのことの〈なぜ〉が問われることはないだろうからである。目の前に机のあることが、普通の、当たり前で、自明なことであるとすれば、それについて、どうしてそこに机があるのだろう、と問うことは異様である。それが問われるのは、普通、そこに机はないはずであるという、そういう場合だろう。火災が起こりうるいかなる状況でもない、あるいは、追突事故が起こりうるいかなる状況でもない、そうしたごく普通の折に、なぜ火災が起こらないのだろう、なぜ追突事故は起こらないのだろう、と——この目下の普通で当たり前の事態について——問うことは、やはり異様である。そうした〈なぜ〉の問いが問われるのは、火災とか追突事故とか、という特別な事態が生じてはじめてであろう。なぜ、そうしたことが起こったのか、と。その〈なぜ〉が問われる「結果」とは、こうした特別な事態なのである。

そうであることにおいて、また、この〈なぜ〉の問いは、特別な――当たり前でない、自明でない、普通でない――事柄によって、答えられることになろう。というのも、当たり前で、自明で、普通の事柄からは、当たり前で、自明で、普通の事柄しか、帰結しないだろうからである。

こうしてまた原因が、この〈なぜ〉の問いに答えうる、特別な――当たり前でない、自明でない、普通でない――事柄であることになろう。この特別な事柄によって、特別な事態である結果は、はじめて説明的に再構成されうるのである。それゆえに、追突事故の原因は、決して「ブレーキが普通に働いたこと」にはならない。それは、あくまでも、かの問いの答え（結果の説明的な再構成）を構成する「その他の自明な事柄」であるにとどまる。ここに原因とは、脇見運転という、やはり特別な、普通ではない事態でなければならないのである。

こうして、特別な事態としての「脇見運転」と、やはり特別な事態としての「追突事故」という、この二つの特別の事態が際立たせられるわけだが、そうであることにおいてまた、私たちの日常的な了解において、この二つの特別な事態が、容易に短絡し、直接結びつきうること（「脇見運転」=「追突事故」）となるのである。

ところでまた、追突事故が起こって、その原因を調べたところ、脇見運転であるということが分かった。とすれば、それ以外のことは、「自明の事柄」であり、それが原因とされることはない。ただし、まったく同じ事柄が起こっているとしても、ある状況の変化があったとすると、「自明の事柄」を構成する要因が、原因として取り出されるということが、ありうるのである。

たとえば、ＡＢＳ（アンチロック・ブレーキ・システム）という、急ブレーキ時の制動効果を上げる装置がある。もし、これが相当に一般化しているとするると、この装備のない状態で「ブレーキが普通に働いたこと」は、実は「普通」ではなかった、ということになりうる。つまり、――普通に――この装備がありさえすれば、あの程度の脇見運転であれば、追突せずにすんだ可能性があったということなのである。そうであるとすると、ＡＢＳがない状態で「ブレーキが普通に働いたこと」は、自明で、当たり前で、普通のことではない、ということになり、追突事故を説明的に再構成する際の一つの特別な要因となりうる、つまり、原因となりうるのである。

そうであるとすると、原因は複数あることになろう。すなわち、「脇見運転」と「ＡＢＳの非装着」である。そして、ここにおける因果の構造は、（(「脇見運転」+「ＡＢＳの非装着」) +「その他の自明な事柄」) =「追突事故」、ということになるわけである。

これと全く同じことが、火災などの場合にもそのまま当てはまる。火災は、普通でない、自明でない、当たり前でない、典型的に特別な事態であり、その原因としての電気のショートも同様である。そうであることにおいて、この二つの特別な事態が容易に直接結びつく。ここにおいてはまた、通常は、その他の事柄、すなわち、ショートの高熱で十分発火しうる距離に可燃物があったとか、建材は、この可燃物の炎で十分発火しうる建材であった、あるいは、何ものも火災発生を止めることはなかったとか、ということは、すべて「その他の自明の事柄」――ダメットの言う「型どおりの事柄」――であると了解されていよう。そうである限りは、それらの事柄は、原因とは見なされない。しかし、この場合も、この「自明の事柄」とされる諸事が、総じて原因となりうるのである。つまり、電気がショートした箇所にそれほど近いところに可燃物があった。しかし、そこにはそうした可燃物がないこともありえた。あるいは、普通はそれはそこにはないものだった。それが、どうしてあのときそこにあったのだろうか、と人は問う。とすると、それはすでに自明な事柄ではないのであり、特別な事態として原因となりうるものとなる。同様に、どうして建材に不燃材を使わなかったのだろうか、あるいは、どうしてスプリンクラーを付けておかなかったのだろうか、いつもあんなに人が通るのに、どうしてその時に限って誰も通りかからなかったのだろうか、と問われるに至れば、「不燃材ではない建材」、あるいは、「何ものも火災発生を阻止しなかった」ということが、やはり原因となりうる。そうすると、この場合には、「電気のショート」(A)・「近くの可燃物」(B)・「建物の建材」(C)・「阻止するものの不在」(¬D) のすべてが「原因」ということになろう——むろんマッキーがこうした方向で議論している——。そうすると、ここにおいて「その他の自明な事柄」は、「十分な酸素があること」くらいになろう。

ビリヤードにおいても、ビリヤードボールがどのように転がって、どこで止まったかという特別な事態である結果に対して、まさに、どう打ったのかということこそが重大事である。それゆえに、これが原因となり、原因・結果が直接結びつこう。そして、その間、何か特別な問題が生じた際には、先にふれたように、それまで自明視されていた事柄が、原因として浮かび上がるのである。その他の諸例に関してもまた、ほぼ同様の議論がなされえよう。

ただ、ある疾病の原因としての喫煙などはどうだろうか。これなどは、多くの人々がやっているごく普通の当たり前のことだ、とも見うる。しかし、実はやはり(もはや)そうではないだろう。たしかに、そのことと多くの疾病との関連が医学的・統計学的に指摘される以前であれば、それは実際、成人の嗜好として、ごく普通の当たり前のことであった。しかし、その関連が指摘され、それが広く一般に受け入れられるようになった状況下では、それは普通のことでも当たり前のことでもない、大いに特別な自明ならざる事柄なのである。そうしたものとして、それは原因なのである。地球温暖化の原因としての二酸化炭素の排出なども、同様に捉えることができようか。

そうであるならば、こうも言いえよう。すなわち、ごく普通の、当たり前の事柄も、それが原因として特定されることによって、あらためて普通ではない、当たり前ではない事柄となるのだ、と。実際、医学、あるいはまた、総じて科学においては、一般にごく普通の当たり前のことと了解されている事柄が、ある特別な事態（結果）を引き起こす原因として、当たり前ではない、普通ではない、特別な事柄としてつかみ出される、ということが、しばしばなされよう。それはいうならば、当たり前の事柄の「非─当たり前─化」（「原因化」）である。薬などもまた、典型的にそうしたものではないだろうか。それは、多くの場合どこにでもある「当たり前の」物質を「非─当たり前─化」したものであろう（たとえば、ペニシリン）。

そして、こうした「非当たり前の」物質である薬と、「非当たり前の」事態である病の治癒という、「非当たり前の」事柄どうしがまた、容易に直接結びつく。薬のおかげで治った（「薬の服用」＝「病の治癒」）、と。

遠隔の因果の内実

これまでの議論をまとめておこう。

追突事故の例によるならば、その議論は、次のようなものであった。すなわち、あるとき、追突事故が起こって調べたところ、脇見運転が原因であるということが分かった。それで私たちは、なるほどと納得する。しかし、この私たちの了解には実は大きな齟齬が存しているのだ、と。

その齟齬とは、こうであった。すなわち、私たちは、一方で、次のことは絶対であると考えている。すなわち、あることが起こったとすれば、そのことを起こした原因が必ずある、と。ということは、その原因があれば、必ず、当のそのこと（結果）が起こるということである。そうでなければ、つまり、その原因によって、別の結果が生じてしまったとするならば、この別の結果は、とりわけ、それが生じることの原因がないままに、つまり、原因がないまま生じたことになってしまう。したがって、ある原因からは、必ず、ある一定の結果が生じるのでなければならない。そうであることにおいてこそ、原因はまさに原因である。私たちはたしかにこう考えている。

だが、私たちのこの絶対の考えによれば、脇見運転は、追突事故の原因ではないのである。というのも、脇見運転の場合、それをしたからといって、必ずしも追突事故が起こるわけではないのだから。もとより大部分の脇見運転は、追突事故には至らないのだからである。にもかかわらず、私たちは、他方、脇見運転を何の疑問もなく追突事故の原因だ、と見なすのである。

このような根本的な齟齬を内包する私たちの因果了解（ダメットの言う「遠隔の因果」了解）の内実はいかなるものなのか。この問題を、ダメットやマッキーの議論を参照しながら、詳論した。それによれば、私たちの因果了解とは、何かある特別なこと（結果）が起こった際に、なぜそれが起こったのかに、答えようとするものであるということであった。つまり、そこで行なわれることは、結果の説明的な再構成——「結果的必然性」の再現——なのである。この再構成（再現）において、この特別なこと（結果）を引き起こした、これまた特別なことが特定されるに至る。この特別なことが原因にほかならない。この原因は、複数であることもありうるが、いずれにしてもそれは、結果の再構成において提示される特別な要因である。そこにおいて、それ以外の要因は、特別ではない、当たり前で自明の事柄と見なされる。こうした諸要因によって、結果が、説明的に再構成される。それは、定式化すれば、（「原因」＋

「その他の自明な事柄」)＝「結果」、ということになる。これが目下の因果関係の内実なのであった。

このように見るならば、明らかなように、原因と結果との間に、いわゆる因果の必然性(「原因的必然性」)は存さない。なぜなら、原因があったとしても、必ずしも結果が生じるとは限らないからである。必ず結果が生じるのは、(「原因」＋「その他の自明な事柄」)という、この全体によってである。その限り、因果の必然性(「原因的必然性」)は、かの定式における等号を挟んだ両項においてこそ、成立する。それゆえに、本来の原因とは、(「原因」＋「その他の自明な事柄」)という全体でなければならない。この点で、目下の原因(「遠隔の原因」)とは、――私たちのそもそもの因果了解(かの絶対的な考え)からすれば――まさに、原因ではありえないのである。

ところが、ここに、ある短絡が起こる。すなわち、ここにおいて、「その他の自明な事柄」とは、まさに自明な事柄であるがゆえに、容易に度外視される、あるいは、背景化されるのである。それによって、「原因」(「遠隔の原因」)と結果とが短絡する(「原因」＝「結果」)。それによって、この原因が、あたかも本来の原因であるかのような、つまり、それと結果との間に、「原因的必然性」が存する――原因があれば、必ず結果が生じる――かのような構図が成立する。

こうして私たちは、およそ違和感なく、脇見運転が、追突事故の原因である、と了解するのである。私たちのなじみの因果了解(「遠隔の因果」了解)の内実とは、このようなものなのである。

さて、このことを捉えたうえで、いまや、かの第一のタイプの因果、すなわち、ダメットの言う「直近の因果」とは何であるのか、を明らかにすることへと向かいたい。

第7節　直近の因果とは何か——黒田亘

「遠隔の因果」をめぐるこれまでの探求において、明らかになったことは、簡単にまとめるならば、この因果了解とは、ある特別な事態としての結果の説明的な再構成であり、原因とは、その再構成における一つの、あるいは、いくつかのやはり特別な要因である、と言うことができようか。

この点を踏まえて、次に、かの第一のタイプの因果、すなわち、「直近の因果」（必然的だが同時である因果）の内実が何であるのか——私たちの「直近の因果」了解において、実際何が把握されているのか——を論じたい。ここでの問題は、これまでに「遠隔の因果」了解に関して明らかにされたことが、はたして同じく、「直近の因果」に関しても言いうるのかどうか、である。すなわち、「直近の因果」もまた、特別な事態である結果の説明的な再構成において成立する関係性であり、原因とはまた、そこにおける特別な事態である、と。あるいは、それとも、「直近の因果」なるものは、「遠隔の因果」とは、根本的に異なる関係性なのだろうか。

直接的・体験的な因果了解

この問題をめぐっては、一つのある有力な議論がある。すなわち、「直近の因果」は、「遠隔の因果」とは根本的に異なるものであるということ、すなわち、「直近の因果」とは、特別な事柄である結果についての説明的再構成である、などということはおよそなく、直接的・体験的な関係性である、と。

たとえば、「押すこと」（原因）によって、「イスが動く」（結果）といった、先に言及した例であるが、この場合、「押すこと」も「イスが動くこと」も、とりわけ特別な事柄というわけではない。また、「押すこと」が、必ずしも「イスが動くこと」の説明的な再構成になっているわけではない。そうではなく、それは、直接的、感覚的・直感的に了解される関係性だ、というわけである。そうなのだろうか。

まずは、この点を検討したい。そのために、参照したいのは、黒田亘の因果論である。というのも、黒田は、その著書『経験と言語』において、ある種の「直近の因果」こそが、因果関係の範型であり、また、それは、まさに直接的・体験的な関係性である、とする論点を詳述するからである（黒田亘『経験と言語』東京大学出版会、一九七五年、二七四―二九六頁）。

ここで、黒田がまず言うことは、こうである（二七六頁以下）。すなわち、「原因・結果」という言葉は、多種多様な文脈で用いられるが、しかし、「そういう多様な用法（意味）の中核に位し、別のさまざまな用法を理解する基盤となっている範例的な用法を探求する試みは十分成り立つ」、と。さらに、その「範例的な用法」とは、「そこから因果概念が生成・分化するところの、根源的な経験のかたち」であると言いうるが、それは具体的には、「Xは……した」という「行為命題」である、と。

黒田は、こう述べて、M・ブラックに即しつつ、具体的な論議を展開する（二八〇頁―二八一頁）。簡略に再現すれば、次のようである。

取り上げられる例は、「いま私が手を伸ばして机の上の灰皿を押しやる」という簡単な行為（A）である。この行為（A）が、次のように一般化され、記号化される。すなわち、$PA_1 \rightarrow OM$, と。行為（A）とは、「特定の人（P）が、ある簡単な動作（A_1）によって、一つの物体（O）に、一定の位置変化（M）を生ぜしめる」という行為だ、というわけである。明らかにこれは、押してイスを動かすという、これまでの私たちの例と同種のものである。

黒田によれば、こうした簡単な行為を記述する命題（「いま私が手を伸ばして……」、「いま私が押して……」等）こそが、「原因・結果」という言葉の範例を示すものであり、また、因果概念についての「根源的な経験のかたち」である、という。

それではここにおいて、範例的な「原因・結果」とは、いかなるものなのか。

まずは、どれが原因であり、結果であるのか、ということだが、明らかなように、原因とは、PA_1すなわち、（黒田の例によれば）「ある人（私）が手を伸ばしたこと」である。また、結果とは、OMすなわち、「灰皿が移動したこと」である。

その際、黒田によれば、（1）PA_1が「原因」であるためには、Pが物理的強制なしに自由にA_1の動作を行なったのでなければならない。（2）A_1とMとはたしかに同時で、「灰皿をもった手を私が動かしている、という一つの事実があるだけである」。しかし、PA_1→OMという方向性が確保されているのでなければならない。もとよりこの方向性、すなわち、「動かすもの（agent）と動かされるもの（patient）との区別」は、「体験的に、もしくは視覚的に明瞭である」。さらにまた、目下の状況において、（3）PA_1はOMの必要条件であり、（4）PA_1はOMの十分条件である。

このような行為の記述命題において、これらの要件を満たすものがそれぞれ、範例的な「原因」であり、「結果」である、というのである。

黒田因果論の批判的検討（1）――「動かすもの」と「動かされるもの」との区別

このようにして、黒田によれば、手を伸ばして灰皿を押しやる――押してイスを動かす――といった簡単な行為において、因果関係は、体験的、直接的に了解されうる。それこそがまた、因果関係の範例的な用例である、という。つまり、この種の「直近の因果」こそが因果関係そのものであり、また、それは、決して説明的再構成などという類のものではなく、体験的・直接的に了解されうるものである、というのである。しかし、そうなのだろうか。

たしかに、黒田の例において、原因が必ず（必然的に）結果を引き起こすという、原因・結果の必然的な関係が、このうえなく明瞭に体験的に了解されうるように思われる。私が「動かすもの（agent）」として、灰皿をもった手を伸ばしたのであり、その「結果」、灰皿は「動かされるもの（patient）」として、必然的に移動する。同様に、私がキャスターの付いたイスを押せば、その「結果」、イスは必然的に動く。因果関係はこのうえなく明瞭であり、そこにPA_1→OM（「原因」から「結果」へ）という方向性は明瞭に確保されているように見える。その限り、たしかに、これこそが、原因・結果の関係であり、また、その範例である、とも思われる。

しかし、はたしてそうなのだろうか。

まずは、先にビリヤードの例を論じた際を思い起こしたい。その際に懸念されたことは、手の動きとキューの動きとは、あまりにも一体であるので、因果関係とは解しにくいのではないか、ということであった。それゆえにイスの例を補ったのである。では、この場合には、つまり、イスを押すという場合には、実際私たちは――直接的・体験的に――因果関係なるものを了解しているであろうか。また、私が手を伸ばして灰皿を押しやるという場合においても、私たちはそこに本当に、因果関係を——直接的・体験的に——見ることができているのだろうか。実は、ここにおいては、「動かすもの」としての私たちの動作と、「動かされるもの」としてのイスや灰皿の動きとは、依然まったく一体の「一つの事実」として、区分されることなく了解されているのではないだろうか。

黒田因果論の批判的検討（2）——私たちの動作とものの動きとの一体性

たとえば、本を読んでいて、ページをめくっている場面を考えてみよう。ここにおいても、たしかに、私がページをめくる動作をし、それによってページがめくられる、と言うことはできよう。しかし、私がページをめくる動作とは、いったいどういう動作なのだろうか。それは、本の形やその位置、そして私の姿勢などによってさまざまだろう。つまりそれは、めくられるそのつどのページのあり方やそのつどの私のあり方に応じて行なわれるのであり、めくられるページと一体不可分なのである。

あるいは、靴ひもを結ぶ動作などが、同様の例としてしばしば挙げられよう。私たちは、結ぶ靴ひもが存在しないところで、靴ひもを結ぶ動作をすることなどは、普通できない。靴ひもを結ぶ動作とは、結ばれる靴ひもと一体になった、端的に一つの事柄なのである。

これらのことの意味することとは、まさに、これらの場合において、私たちの動作と物の動きとは分離することができない、ということであろう。ここにおいては、原因と結果とを分離することはできないのである。灰皿やイスやキューの動きに関しても、まったく同じことが言いうるのではないだろうか。

もちろん、私自身において、私が動かしているという了解は明瞭であるし、それによって、物が動かされているという了解もまた明瞭である、つまり、両者の区別は、私自身において、このうえなく明瞭である、と言われるかもしれない。しかし、問題は、私たちがそのように行為する現場において、直接的・体験的に、そのような区別された了解が行なわれているかどうか、であろう。現場においては、私は、端的に灰皿を押しやり、イスを動かし、キューを前に突き出し、ページをめくり、靴ひもを結んでいる。実際私たちは、端的にそう了解しているのであって、それ以上でも以下でもないのではないだろうか。つまりそれは、灰皿を押しやろう、イスを動かそう等々という、動機、もしくは、目的に基づいた一つの行為なのであって、因果関係ではないのではないか。この点、黒田は慎重に議論している。しかし、やはりまずは、それは因果関係ではない、と見なすべきなのではないだろうか。

原因と結果の分離

こうして、目下の「直近の因果」において、黒田の論じるような直接的・体験的な因果了解は、やはり成立しないように思われる。しかし、それでは、このような場合においては、総じて因果関係なるものが、成立しないのだろうか。しかしまた、必ずしもそうでもないのである。

では、ここにおいて、どのようにして因果関係が関与し、成立するのか。それは、灰皿の例によれば、灰皿を押しやろうとしたが、灰皿が動かず、押しやれなかった、というような場合を経由することによって、なのではないだろうか。

まずは、灰皿を押しやろうとしたが、押しやれなかったとする。そうした場合、私たちは、間違いなく、なぜだろうか、と問おう。目下の場合、ここではじめて、原因なるものが姿を現わすのではないだろうか。その原因は何か、と。そこで、灰皿に隠れた裏側をのぞいてみると、そこに重い文鎮が置かれていた。それに阻まれて灰皿は動かなかったのだ、と分かる。原因は、文鎮に動きを阻まれていたことであった。それで、文鎮を動かして、再び灰皿を押しやる。すると、今度は灰皿が動いて、テーブルの端に押しやられた。そうであるとすると、ここにおいては、私たちの動作と物の動きとが分離しうるのではないだろうか。すなわち、私は、灰皿の動きを阻止するものが何もない状態で、それを押しやる（それを持った手を伸ばす）。すると、それによって――それが原因で――、その結果、灰皿は押しやられる、と。

手を伸ばすという私たちの動作が、物の動きと分離されて、そのものとして捉えられ、原因と了解されるという際には、このような事情が不可欠なのではないだろうか。すなわち、その事情とは、やはり物（灰皿）の動きが特別な事態である（さっきは動かなかったが、今度は動いた）と了解されていること、それによって、それを動かすという私たちの行為――手を伸ばすという私たちの動作――もまた、ある状況（物の動きを阻止する何ものもないという状況）における特別な事態である、と了解されていること、というそういう事情である。

こういう事情を踏まえることによってはじめて、私が手を伸ばして灰皿を押しやるという行為のうちで、原因と結果とが分離し、私が手を伸ばすこと（原因）によって、灰皿が押しやられたのだ（結果）という了解、すなわち、黒田の提示するかの図式――PA$_1$→OM――が成立するのではないだろうか。

説明的な再構成

さて、もしそうであるとするならば、黒田の提示する因果もまた、直接的・体験的な因果といったものなのではなく、先に論じた「遠隔の因果」の場合と同様に、ある特別な事柄である結果に関する説明的な再構成において成立するものである、と言うことができることにならないだろうか。

灰皿の例によれば、灰皿が移動した（灰皿が押しやられた）ということが、何らかの特別な事態と了解されないのである限り、ここに因果関係が関与することはないのではないか。そこには端的に、灰皿を押しやった、あるいは、灰皿が押しやられた、という一事があるのみである。この物の移動が、何らかの特別な、当たり前でない、自明でないこと――前回は移動できなかったが、今回は移動できた――と捉えられることにおいて、はじめてそれは因果関係となる。つまり、この移動が（特別な）結果と捉えられ、そして、その原因がまさに原因として把握される。その原因とは、むろんこの場合、その移動を阻む何ものもない状態で、私が灰皿を押したこと、手を伸ばしたことである。ああ、それで、（ようやく）灰皿が動いたのだ、やれやれ、というわけである。

こうして、これが原因で、灰皿の移動が結果した。そうであるならば、この場合も原因――灰皿の移動を阻む何ものもない状態で、私が灰皿を押したこと――は、やはり結果の説明的な再構成において成立していることになろう。

これとまったく同様のことがまた、イスの移動や、さらには、ページをめくる、靴ひもを結ぶといった場合等々についても、言いうるだろう。イスを動かそうとしたが、なぜか動かなかった。ページをめくろうとしたが、なぜかページどうしがくっついてしまっていて、めくれなかった。靴ひもをいつもどおりに結ぼうとしたが、なぜか靴ひもが硬直していて結べなかった。こうした場合にはじめて、原因と結果とが分離し、そして、原因が結果の説明的な再構成として成立しよう。たとえば、靴ひもが結べなかった原因は、まずは、昨日靴の修理に使った接着剤がこぼれでて、靴ひもに付いてしまったからだ、と分る。そして、そうであるならば、今度は、このように指先を動かせば、それによって——それが原因で——靴ひもは結べるのだ（結果）、と。あるいは、そのように指先を動かしても、それ（原因）によっては、靴ひもは依然結べないのだ（結果）、と。ここに原因とは、まさに結果の説明的な再構成であろう。

結果的必然性と原因的必然性

このように見るならば、目下のような「直近の因果」の場合においても、成立している「必然性」とは、まずは「原因的必然性」なのではなく、やはり「結果的必然性」なのだ、と言わなければならないだろう。

灰皿の例に立ち返れば、これを押したけれども、動かすことはできなかったという、この結果がまずある。そのうえで、その原因が問われる。文鎮がじゃまをしたので、押したけれども動かなかったのだ、と。これは、「遠隔の因果」の場合と同様に、「結果的必然性」である。結果がまずあって、その必然性が問われている。ただ、目下の「直近の原因」においては、この「結果的必然性」が、そのまま直ちに「原因的必然性」になるのである。すなわち、ここにおいて、「文鎮が灰皿の動きのじゃまをする」という原因（「結果的必然的な」原因）は、必ず直ちに「灰皿が動かない」という結果を引き起こす。つまりそれは同時に、「原因的に必然的な」原因なのである。原因はまさに、結果と同時で一体（「原因」=「結果」）だからである——「原因的必然性」の成立——。灰皿が動く場合も同様である。文鎮を取り除いて押したところ、今度は灰皿は動いた。とすれば、ここに生じていることは、やはりまずは「結果的必然性」である。すなわち、それは、結果的に灰皿が動いたということであり、ついては、その結果が生じる必然性があった、ということである。しかし、ここでの原因（「（灰皿押すことにおいて）その動きを阻止する文鎮が存在しない」ということ）は、「灰皿が動く」という結果を必ず直ちに引き起こす。そうである限り、ここでの事態は、まずはやはり「結果的必然性」なのだが、しかし、また同時に、「原因的必然的」でもあるのである。

むろん、ここにおいては、文鎮を取り除いたとしても、灰皿がなお動かないということはありうる。その場合には、原因はまずは再びまた、灰皿が動かないことの原因――たとえば実は灰皿は、机に固定されていたこと――であることになろう。その結果、押しても灰皿は動かなかったのである。これは、定式化するならば、こうである。すなわち、机に固定された灰皿を押すこと、これが原因で、灰皿が動かなかったこと、これが結果である。いまやこうしたことが起こった。ということは、「直近の因果」もまた、まずは「結果的必然性」において成立することなのだ、ということである。つまり、ここにおいても、まずは結果が起こるのであり、その起こった結果について、そこには必然性がある、ということである。ただ、目下の「直近の因果」の場合、その原因は、直ちにつねに「原因的に必然的な」原因でもある。というのも、その原因によっては、つねにただちに同様の結果が引き起こされるのだからである。このことは、目下のすべての例――イスの移動やページめくり、靴ひも結びなど――について、言いえよう。

これは、「遠隔の原因」に比して、「直近の因果」の際立った特徴である。「遠隔の原因」、たとえば、追突事故における脇見運転だが、これはまさにまずは、「結果的必然性」において特定される原因である。その限りでは、「遠隔の原因」も「直近の原因」も同様である。しかし、脇見運転の場合には、それがあれば、追突事故が必ず起こるとは決して言えないのである。もちろん、その他の条件（先の「その他の自明な事柄」）がまったく同一であれば、同様の脇見運転によって、必ず（必然的に）追突事故は発生する。しかし、その場合の「必然性」（「原因的必然性」）とは、何と何との間の必然性であるかといえば、それは、（「原因」+「その他の自明な事柄」）という全体――マッキーの用語によれば、「US条件」――と結果との間の「必然性」である。それは、先にも論じたとおり、成立する。なぜなら、それは結果そのもの（(「原因」+「その他の自明な条件」)=「結果」）であるのだから。しかし、もとより、ここにおいてこの「必然性」(「原因的必然性」)が成立するのは、「遠隔の原因」——時間的に先立つ原因——とその結果との間においてではないのである。

ここにおいてこの「原因的必然性」が成立するのは、あくまでも、(「原因」+「その他の自明な事柄」)という全体と、結果との間においてである。そうであるとするならば、「原因的必然性」が成立するのは、「結果」が生じる正確にその時点においてである、ということになろう。つまり、「原因的必然的に」結果を引き起こす、本来の意味での原因とは、ここにおいては、(「原因」+「その他の自明な事柄」)という全体なのであり、その成立は、結果と同時で一体のものなのである。

こうして「原因的必然性」という観点からすれば、「遠隔の因果」においても原因の成立と結果の成立とは、同時で一体のものとならざるをえない。そうであることにおいて、原因・結果の関係は、ここにおいてももはや「遠隔の因果関係」ではなく、むしろ「直近の因果関係」であるのである。

一般に、「直近の因果」に関しては、「結果的必然性」のみでなく、同時に「原因的必然性」も成立する。しかし、「遠隔の因果」において成立するのは、「結果的必然性」のみなのである。

直近の因果の内実

これまでの議論をとりまとめておこう。

因果関係の正体、すなわち、因果関係ということで了解されていることの内実とは、いったい何であるのかをめぐり、私たちは、まずは、「遠隔の因果」を取り上げ、検討した。それにより、因果関係とは実は、特別なこととして捉えられた、ある一つの事柄（結果）の説明的な再構成であり、また、原因とは、その再構成において提示される、これまたある一つの特別な事柄である、ということを論じ、明らかにした。引き続き、「直近の因果」を取り上げ、これについても、「遠隔の因果」と同様の議論を念頭に置いたわけだが、しかし、その議論を展開するに先立って、まずは、この議論と真っ向から対立する論議を見た。黒田亘の因果論である。それによれば、ある形での「直近の因果」こそが、因果関係の範例とも言うべきものであり、また、それは――説明的再構成といった知的構成的なものではなく――直接的・体験的なものだ、という。つまり、それは、「動かすもの」としての私たちの自由な行為（動作）と、「動かされるもの」としての物との間に成立する直接的・体験的な関係性なのである。

しかし、これまでに見る限り、そのような直接的・体験的な因果関係というものは存在しない。黒田が提示するような行為において、因果関係が成立するのは、むしろ私たちがいったん、物によって「動かされるもの」である、という体験を必要とする。つまり、たとえば、物を動かしたくとも動かせないという受動的な体験である。それによって、物が動くということが、ある特別な事柄、つまり、結果となる。また、同時に、私たちの行為（動作）が原因となる。そうであることにおいて、こうした因果了解の内実とは、やはり結果についての説明的な再構成なのであった――つまり、これまで動かなかったものが、なぜ動いたのか（結果）についての――。

その間、こうした「直近の」因果関係においては、「結果的必然性」のみでなく、「原因的必然性」もまた、成立することを見た。「直近の」因果間においては、「結果的必然性」のみでなく、「原因的必然性」もまた成立するのである。

こうした点から、黒田の議論をいま一度振り返っておくならば、そこにおいては、原因と結果とが、マッキーと同様に、条件関係として捉えられていた。しかし、それはやはり条件関係なのではなく、同一性（PA_1 = OM）なのである。そうであることにおいてこそ、この「直近の原因」は、原因的にも必然的なのである。

第8節　さまざまな直近の因果

黒田亘の因果論を参照しつつ、「直近の因果」の一つの形態、すなわち、私たちが行なう簡単な行為（動作）をめぐる因果関係を、検討した。検討した限りにおいて、それは、「遠隔の因果」と同様に、結果の説明的再構成において成立する同一的な関係性であった。

この議論を踏まえて、ここで、視野を「直近の因果」一般に広げよう。そして、「直近の因果」一般についても同じ議論が可能であること――すなわち、総じて「直近の因果」に関しても、それが存立するのは、あることが特別な事柄（結果）と捉えられ、原因が、その説明的な再構成において把握されることにおいてなのだということ――を、確認しよう。

ビリヤードの場合

まずは、ビリヤードのプロセスを想起するならば、ボールは、最初の一突きによって、ころころと転がり始める。このこと、つまり、最初にボールがどう転がり始めるかは、先にも見たように、このうえなく大事である。これがその勝負を決めると言っても過言ではない。それゆえに、まさにこのこと、つまり、ボールがこのように転がり始めたことが、結果（いまの場合「直近の結果」）と捉えられ、その原因（「直近の原因」）が問われる。そして、それは、キューがボールにこのように当たったことだ、と説明されることになる。

その際、もとより、最初にボール転がり始めるということ、このことが、何の関心も引かない、ただ起こるがゆえに起こるというだけの物事であるとするならば、そこには、因果関係なるものは、およそ関与しない。そこには、ただ物事が起こるがままに起こり、なるがままになっていくという、そういういわば成り行きがあるのみである。

そういう成り行きが、因果関係として成立し、存立するのは、ある事柄、つまり、いまの場合、ある仕方でのボールの転がり始めが、一つの特別な事柄として、いわばまず切り出されてくるということによる。そうしてはじめて、その特別なことの説明（説明的再構成）が行なわれ、原因が特定され、因果関係というものが、存立することとなるのである。

いまの場合、「キューがある仕方で当たったこと」という「直近の原因」が特定され、それで「直近の因果」の関係が存立するに至るのである。

また、さらに言うならば、キューがボールにこのように——首尾よく、あるいは、不首尾に——当たったということが、それはそれでやはり大いに問題である。それゆえに、このことがまた、一個の特別な事柄として切り出される。そして、このことに対する原因が問われる。そして、それは、キューをこれこれこのように扱ったことによるのだと説明され再構成される。

ここにおいても原因とは、特別大事な事柄と見なされる結果についての説明的な再構成において把握されており、因果関係とは、ここに把握される両者の同一的で一体の関係性なのである。

むろん実際には、これらの因果の知識はあらかじめ遊技者のうちに蓄積されている。その限りで、この因果は、手をこう動かせば、キューはこう動き、ボールとこう当たり、ボールはこう転がり始める、と原因・結果の連続と了解されている。これは一般には、因果の連鎖と考えられるが、しかし、これまでに見たように、もとよりそれは、そのつどの直近の因果全体の時間的連続的な経過である。そして、その内実は、そのつど生じる結果と、そのつどの説明的再構成において成立する原因と間の、同一的な関係性であり、その連続的な経過なのである。

さて、その後、ボールはころころと転がる。この転がること（転がり続けること）の原因（「直近の原因」）は、阻止されない限り転がっているボールは転がり続けるという、転がるボールの性質（慣性）であった。

ただ、これまでにも述べたように、この因果関係は、音や波の伝播の場合と同様に、通常は問題にはならない。なぜなら、転がっているボールが、相当程度ころころと転がり続けるということ、あるいは、音や波が次々と伝播していくということは、私たちにとって、あまりにも当然で当たり前のことだからである。それは、そうなるからそうなるのであって、それ以上でも以下でもない。

だが、――これは歴史的な問いであったわけだが――なぜ、ボールは転がり続けるのかという問いが、立てられたとたんに様相は一変しよう。そこにおいては、その説明的な再構成が要求されるのであり、それによって、その原因が問われる。むろん、ここにおいては、「ボールが転がり続ける」ということが、まず、一つの特別な事柄（結果）として切り出され、設定されたのである。

ここにおいても、因果関係は、こうしてやはり、特別な事柄（結果）の説明的再構成において成立する。

関連事項として、重力による物の落下（「直近の因果」）に目を向けるならば、それに関しても、まったく同様のことが言いうるだろう。すなわち、手を放せば物は落ちる。ときにリンゴが落下する。当たり前だ、と了解されている限り、ここに因果関係は関与しない。そこにはやはりただ、物事の成り行きが存するのみである。そこに因果関係が関与するのは、リンゴが、あるいは一般に物が落ちるということが、特別なこと、不思議なことと見なされ、まさに特別な事柄として切り出された――ラッセルの表現をここで援用すれば、「実際的な観点に従って隔離された」――ときである。そこで、なぜだろうか、と問われ、説明的な再構成がなされるのであり、そこに、原因（重力）と結果（物の落下）とが設定される。因果の設定とは、こうした説明的再構成の遂行そのものなのであり、その因果関係とは、そこに成立する同一的な関係性（重力＝物の落下：$S = (1/2)gt^2$）なのである。

ビリヤードの例に戻るならば、その後なおボールは転がって、静止したボールに衝突し、静止したボールは動き始め、衝突した方のボールは速度・方向を変える（「直近の因果」）。ビリヤードの場合、そこでまた、二つのボールがどのように転がり始めるか（結果）が大事である。そこで、それが切り出され、その説明的再構成がなされ、原因――衝突の仕方――が見定められる。これが、因果関係の成立であり、存立である。

ちなみに、装飾品の二つのボールがただパッチンパッチンとはじき合うだけという（「直近の因果」の）場合においても、因果関係が問題になりうるとすれば、やはり、たとえば、止まっていたボールが勢いよくはじかれる、といったことに目を見張るということ、つまり、そのこと（結果）の切り出しということが、必ずあろう。それで、もう一つのボールがパチンと勢いよくぶつかったせいだ、と日常的には、ごく単純明快な説明的再構成が行なわれ、それが原因と了解される――説明的再構成における因果関係の成立――。

さらに、ビリヤードボールだが、それは、あちらこちらで、ほかのボールや台の縁にぶつかり、そして、最後には、総じて転がったボールは止まる。なぜ、それらがそこで止まったのかが問題になれば、まさにそれが、特別な事柄（結果）である。それで、そのつどのフェルト面の抵抗等（原因）によって、この結果――連続的な減速、そして、停止――の説明的再構成が行なわれる。ここに、連続的な「直近の」因果関係が成立する。

火災、追突事故、神経細胞の情報伝達の場合

火災の場合、そこで起こったこと――人が気づいたこと――が、まずは、電気コードが高熱化したことであったとする。するとまず、この事件（結果）が、説明的に再構成される。すなわち、電気のショートが原因で、その結果、大量の電流が流れ――これがやはり一つの事件である――、それが原因で、その結果、高熱化した、と。次に、この高熱化が原因で、紙が燃焼するに十分な高温になり、その結果、紙が燃えた。紙が燃えたという事件（結果）をめぐる、因果関係の成立である。

その後、紙が燃え続ける。ここには私たちは、通常おそらく、因果関係を見て取らないだろう。というのも、燃えている紙は、端的に燃え続けるのであって、そのつど何か特別なことが起こっているわけではないからである。ただ、まさにこの「そのつど燃える」ということが、特別なこととして切り出される場合、その場合に、因果関係が成立することになる。つまり、なぜか、と問われ、そのつど当の部分が、燃えるに十分高温になるから、と説明することになるからである。この「高温になること」が、とりもなおさず原因である。

その後さらに、カーテンが燃える、そして家屋が燃えるという出来事が続くわけだが、これについてはもはや立ち

入る必要はないだろう。

こうした電気のショートから家屋火災に至るまでの一連のプロセスに関しても、何事も特別な事柄として切り出されないのだとすれば、やはり、ただ事が流れるがままに流れ、なるがままになるだけのことであろう。世界が、あるいは、宇宙が、原因も結果もなく、ただひたすら千変万化する、その千変万化の一コマであるにすぎない。ここに、因果関係が存立するに至るのは、この千変万化のなかの一事が、まさに一事として、ことさらに切り出されるときである。たとえば、コードが高熱化した。紙が燃え出した。家屋が燃え出した等。ここに、説明的な再構成とともに、因果関係が存立するに至るのである。

追突事故の場合にも立ち入るならば、まずはハッと気がついてギュッとブレーキを踏む。ブレーキを踏むこと（「直近の原因」）によって、車は減速する（「直近の結果」）。ここにおいて、車が減速するということは、車の運転上、このうえなく大事なことである。したがって、ブレーキを踏むということも、このうえなく大事なことである。それで、ここにも、「直近の」因果関係が成立することになるが、この因果関係も、説明的再構成において成立している。

すなわち、車の減速の〈なぜ〉が問われて、ブレーキシステムの全体が説明されるのである。このシステムのもとでブレーキを踏むということ（「直近の原因」）が、そのままブレーキが利くということ（「直近の結果」）である、と。

ただ、通常は私たちは、この因果関係を、そのようにいわば理論的に了解しているわけではない。それは単に、ブレーキペダルをギュッと踏めば、ブレーキが利く、というだけのものであろう。それは、あたかも黒田が論じたような、直接的・経験的な了解形態であるかのようにも見える。しかし、通常私たちは、この因果関係を自動車学校で学ぶのである。アクセルペダルをゆっくり踏み込むと、車はゆっくり動き出す。今度は、ブレーキペダルをゆっくり踏むと、車はスーッと止まる。止まろうとするときに、アクセルペダルを踏んではいけない。車は加速してしまう。ブレーキペダルをゆっくり踏む。それで、車はスーッと止まる。これもやはり、説明的な再構成だろう。ブレーキを踏むと、車は減速する。この因果関係も、直感的・体験的な関係性ではなく、説明的再構成的な（同一的）関係性だろう。

むろん、まったく人から学ぶことなく、あれこれの操作を勝手にやってみて、車を動かしたり止めたりすることができるようになる人もいよう。しかし、それも、試行錯誤なのであって、動かない灰皿を動かすときと同様の状況であろう。すなわち、やがてその人は、サイドブレーキを解除して、アクセルペダルを踏むこと（「直近の原因」）によって、車は動き出し、加速するということ（「直近の結果」）、そして、ブレーキペダルを踏むこと（「直近の原因」）によって、車は減速し、やがて止まるということ（「直近の結果」）、また、サイドブレーキをかけること（「直近の原因」）によって、安定的に停車するということ（「直近の結果」）等々を、習得しよう。ここにおける因果関係は総じて、たしかに体験的、直接的ではあるが、しかしやはりそれもそもそもは、灰皿の移動の場合と同様の説明的な再構成であろう。それもそもそもは、説明的な再構成においてはじめて成立する同一的な関係性なのである。

神経細胞における情報の伝達過程なども、その因果関係は、典型的に説明的な再構成において成立していよう。ある細胞に情報が伝達される（重要な事柄：結果）。その原因は、前の細胞からこれこれの伝達物質をこれこれの仕方で受容することである。とすれば、この因果関係も、重要事項の説明的な再構成において成立する、切り出された重要事項間の関係性である。細胞内の伝達についても、同様だろう。

直近の因果が因果関係の基盤である

このように見るならば、「直近の因果」なるものも、「遠隔の因果」と同様に、総じて、説明的な再構成において成立する特別な事柄間の関係性である、と言うことができるのではないだろうか。すなわち、その因果関係とは、特別な——普通でない、当たり前でない、自明でない——ことと了解された、ある一つの事柄が、説明的に再構成されることにおいて成立する、説明項（原因）と被説明項（結果）との間の、同一的な関係性（「直近の原因」においては端的に、「原因」＝「結果」）である、と。

そうである限り、「直近の因果」においても、因果間に存する必然性は、総じてまずは「結果的必然性」である。つまり、そこにおいても、当の結果が生じた限りにおいて、その必然性が説明され、原因が提示される。しかし、「直近の因果」の場合には、その必然性が、そのまま「原因的必然性」でもある。というのも、この場合には、原因と結果との間に、この両者の関係性を妨げうるいかなるものの介入も、排除されているのだから。この両者は、端的に同時で一体なのだからである。

また、この「原因的必然性」のゆえに、「直近の因果」こそが、私たちの了解する因果関係の基盤をなすものである、と言いえよう。すなわち、「遠隔の因果」においては、結果が生じた必然性（「結果的必然性」）が、原因へと向けてたどられるわけだが（説明的再構成）、その際に、そのつどそのつど捉えられ確認されるのは、先に見たように——決して単に「原因」なのではなく——そのつどそのつどのワンセットの因果であった。だが、この、そのつどそのつどのワンセットの因果とは、そのつどそのつどの「直近の因果」にほかならないのである。

たとえば、先にも論及したが、私たちは、「遠隔の原因」を求めて、フェルト面の抵抗（原因）とボールの減速（結果）、あるいは、ボールの衝突（原因）と静止していたボールの動き出し（結果）等々を、たどるわけだが、ここにおけるこのワンセットの因果とは、そのつどの「直近の因果」である。そして、「遠隔の原因」とは、こうして私たちがたどって行くそのつどそのつどの「直近の因果」のなかから、とりわけ特別なものとして取り出された、ある一つの「直近の原因」なのである。たとえば、さまざまな衝突を繰り返して、ボールがある場所に止まった。とすると、私たちは、その原因（「遠隔の原因」）を求めて、「直近の因果」をさかのぼる。そして、最初の一突きという「直近の原因」と、それと同時で一体である最初のボールの転がり始めという「直近の結果」にたどりつく。そうであることにおいて、私たちは、この「直近の原因」を原因（「遠隔の原因」）であると、特定するのである――ただし、実際には、多くの場合、原因（「遠隔の原因」）がまず前提あるいは設定（仮設定）されて、この原因から結果（「遠隔の結果」）に向けて、そのつどの「直近の因果」がたどられる、ということがなされよう――。

このように見るならば、「直近の因果」こそが、総じて私たちの了解する因果関係の基盤をなす、と言うことができるだろう。

この点については、先に見たように、黒田亘が、ある種の「直近の因果」に因果関係の範例を見ようとしていた。その議論そのものは、検討したように、成立しないだろう。しかし、総じて「直近の因果」が、因果関係の範例、もしくは、源泉である、と言うことはできそうである。

第9節　因果連鎖批判とその顚末――ハンソン

私たちの了解する因果関係には、二つのタイプがあった。一つは、原因と結果とが一体で同時のタイプ、すなわち、「直近の因果」であり、もう一つは、両者が時間的に隔たるタイプ、すなわち、「遠隔の因果」である。このいずれもが、「結果的必然性」――「結果」の説明的再構成――において、成立するものであったが、しかし、前者においては、同時に「原因的必然性」が成立したのである。そうであることにおいて、前者、つまり、第一のタイプの因果（「直近の因果」）こそが、私たちの因果了解の基盤をなすものと見うるのである。

こうした議論を踏まえつつ、ここでなお、こうした議論を補足・補強するとともに、依然私たちが捕われがちな誤謬を、なお確認・修正しておきたい。そのために、現代の因果論者として著名なN・R・ハンソンの議論を取り上げておきたい。というのも、ハンソンは、まさに私たちのこれまでの議論を補足・補強する論議を展開するとともに、また、私たちが囚われがちな誤謬に典型的に陥ってもいるからである。

ハンソンによる日常的な因果連鎖の批判

さて、ハンソンの議論の眼目は、まずは、私たちが抱く日常的な「因果連鎖」了解、すなわち、世の中の出来事は、原因・結果の連続的な連なりからなるという了解を、徹底して批判することにある。

ビリヤードの例によれば、そのプロセスをとにかくも私たちは、通常おおむね次のように捉えよう。すなわち、

「ボールをキューで突く」→「一定の速度・方向でボールが転がる」→「他のボールと衝突する」→「ボールの速度・方向が変わる」→「台の縁のある箇所にぶつかる」→「ボールの速度・方向が変わる」→「これまでも作用し続けていた摩擦抵抗が最終的に作用する」→「ボールがある位置で停止する」、と。そして、これは、私たちの一般的な了解によれば、時間軸に沿った原因・結果の連続であり、いわゆる「因果連鎖」なのである。

こうした「因果連鎖」了解が誤認であるということは、これまでに詳論してきた。そして、ハンソンがまた新たな観点から、それが誤認である、と徹底して指弾する。

それによれば、そこで実際に起こっていることは、一般に私たちが了解するような単純な事柄の連鎖ではない。そうではなく、それは、もっと微細な諸要因の複雑な諸連関である。たとえば、ボールをキューでコツンと突く際にも、関与する事柄としては、キューへの力の加え方のみでなく、さらにキューの材質、キューの尖端の形状、摩擦、摩擦止めの粉末の状態、突いた箇所等があろう。またその後のボールの動きに関しても、台のフェルトの細かい状態、台の微妙な傾き、ボールの表面の状態、他のボールの表面や台の縁の細かな状態、エアコンなどが動いていれば、場合によってその風の状態等が問題となりえよう。実際には、こうしたあらゆる諸要因が、力学的な法則に基づいて、そのつどボールの動きを微妙に左右する。

このような微細で複雑な諸要因がおよそ取り込まれることのない、私たちの一般的な因果了解は、まったく現実を捉えることのない、単なるお話であるにすぎない。ハンソンはこう論じて、私たちの一般的な了解を、こう戯画化してみせる。

釘が一本なかったために、蹄鉄が一個なくなった。〔蹄鉄がなくなったために〕馬が一頭使えず、そのために騎手が一人欠けた。騎手が一人欠けたために、〔伝令を送ることができず〕一大隊が失われた。一大隊が失われたために、戦闘に敗れた。戦闘に勝利できなかったために、王国が失われた。すべては、釘が一本なかったせいである。(Hanson, N. R., *Patterns of Discovery*, Cambridge, 1972, p.50)

まさに「風が吹けば桶屋が儲かる」という話である。この話はむろんのこと誤りである。なぜ誤りなのかといえば、それは、そのつど生起する事柄とは、微細で複雑な諸要因の絡み合いなのだが、目下の話は、そうしたことがまったく考慮されていないからである。たとえ、釘が一本なくなったからといって、実際には必ずしも蹄鉄が一個なくなってしまうわけではない。馬万般の世話をする専従の兵士たちがいて、その一人がすぐに気がついて、釘を一本打ちなおしたかもしれないのだから。

理論負荷性

ハンソンは、このようにして私たちの日常的な因果了解を批判するわけだが、それを踏まえて、こう論じる。すなわち、まずは原因とは、かの微細で複雑な諸要因のすべてである、と。この諸要因はまた、「諸概念の入り組んだパターンにおける細目」である、とも言われる。ビリヤードの例に返れば、「キューの材質」、「キューの尖端の形状」、「摩擦」、「摩擦止めの粉末」等々が、「諸概念」である。キューでビリヤードボールを突く際には、これらの概念（諸要因）が、複雑に入り組みつつ、一定のパターン（類型的な関連）を形作ろう。つまり、このそれぞれが複雑に入り組みつつ、突いた際のボールの転がり方に、一定の影響を及ぼすのである。そして、原因とは、このパターンにおける「細目」、すなわち、これら「諸概念」（諸要因）そのもの、もしくは、そのつどのそのあり方だ、というわけである。

さらにハンソンは、このような原因とは、徹頭徹尾、「理論負荷的」（ibid.）である、つまりそれは、もっぱら科学理論のもとでのみ存立する、と論じる。すなわち、キューでボールを突いて、一定の仕方でボールが転がり始めた際に、何が、そのように転がり始めたことの原因であるのかということ、すなわち、その際に、どのような諸要因（「諸概念」）が、どのようなパターンで作用するのか、また、そのつどそれらが、どのように作用したのかということは、一定の科学理論のもとでのみ明らかになりうる。これなしで、原因を、特定および測定することはできない。すなわち、原因は、徹頭徹尾、一定の理論に負っている——「理論負荷的」である——、と。

このような前提となる理論を、ハンソンはまた、「システム」と呼ぶ。そして、こう言う。

> 単一の出来事Aが、単一の出来事Bと因果的に結びついているということはない。これらの出来事は、あるシステムのうちで起こるのだが、このシステムという背景の全体が、因果の概念のうちに含まれているのであり、また、この概念の不可欠の部分なのである。（p.50）

単一の出来事A、たとえば、キューでボールをコツンと突くという、単にこのことが、単一の出来事B、つまり、ボールがころころと転がり始めるということと、いわばじかに——何の前提もなしに——因果的に結びつくということはない。この因果的な出来事は、あるシステム、すなわち、目下の場合、力学という理論システムのもとでのみ起こる。この理論システム全体を背景もしくは前提としてはじめて、原因の概念（「諸概念の入り組んだパターンにおける細目」）が成立する。この概念にとっては、理論システムが不可欠なのである。

このように論じるハンソンの言う「理論」とは、もっぱら自然科学理論であるようにも思われる。しかし、歴史学的な理論などをも考慮するならば、かの王国が失われた話もまた、同様に了解できよう。すなわち、当の王国における軍の組織、軍備の状況、兵士の状態、そして、時の戦闘状況等々が、相当程度理論的に解明されているとするならば、その理論（「システム」）全体を背景に、王国が滅亡に至った因果関係が、正しくたどられうることとなろう。

こうして因果関係とは、一定の理論を前提としてはじめて、成立する。つまり、ハンソンによれば、それは理論負荷的なのである。

ハンソン因果論の評価

いわゆる「因果連鎖」なるものは成立しない。原因とは、そのつどの「諸概念の入り組んだパターンにおける細目」である、というハンソンの議論は、これまでに展開してきた私たちの議論と、まずは、合致する。「因果連鎖」なるものの不成立については、先に第1章において、詳細に論じた。また、ハンソンの言う「諸概念の入り組んだパターンにおける細目」とは、私たちのこれまでの議論に即せば、「直近の原因」そのもの、もしくは、「直近の因果」のさらなる細目であると、了解されよう。

すなわち、これまでの私たちの議論において、キューとボールとの衝突や、ボールどうしの衝突等は、「直近の原因」であるとして、それ(「原因」)と、それによるボールの始動等という「直近の結果」とを、「原因的必然的な」因果関係にあるものとしてきた。これに対してハンソンは、この「直近の原因」を細分化するのである。すなわち、すでに枚挙したように、キューへの力の加え方、キューの材質、キューの尖端の形状、摩擦、摩擦止めの粉末の状態、突いた箇所等々である。こうした諸事が、ことごとく「直近の原因」となって、「直近の結果」、すなわち、ボールの転がり方を必然的に決定する、というわけである。それは、まさに「直近の原因」の細目にわたる規定だろう。

こうしてハンソンもまた、因果の基盤、もしくは、因果関係そのものを、「直近の因果」に見ようとするのである。そしてまたハンソンは、因果関係とは、徹底して「理論負荷的」だと言う。それは、私たちがこれまでに論じてきた「説明的再構成」ということについての補足説明と見ることができよう。これまでに論じたように、因果関係とは、いずれにしても、起こった事柄についての必然的関係性(「結果的必然性」)において成立する。そして、その必然性とは、なぜ、そのことが起こったのか、それについて結果的に提示される必然性である。そうであるとすれば、たしかに何らかの「理論」が、前提とされよう。何の「理論」もなしに、あることが起こった(結果的な)必然性を提示することはできないだろう。火災や追突事故が起こったとき、警察の行なう現場検証には、科学理論が駆使されるのである。

こうしてハンソンとともに、まずはこう言いえよう。すなわち、私たちが日常イメージする「因果連鎖」なるものは、成立しない。つまり、原因とは、何らかの理論を前提として成立するさまざまな「直近の原因」、すなわち、「諸概念の入り組んだパターンにおける細目」なのである。また、そうであることにおいて、因果関係とは、徹底して「理論負荷的」なのである、と。

ハンソン因果論の批判的検討（1）——理論負荷性の検討

こうしてハンソンの議論は、まずは、これまでの私たちの議論に即しつつ、それを、補足し、補強するものと見うるだろう。しかしそれは他方で、二つの観点から批判されなければならない。

一つは、因果関係が「理論負荷的」であるという際の「理論」の内実に関してである。これは、ハンソンの議論に対して必要であると思われる修正である。

また一つは、ハンソンの議論における「因果連鎖」批判の不徹底さに関してである。これは、私たちもまた依然陥りがちである、誤った想念の再度の修正である。

まずは、このうちの第一点である。すなわち、それは、しばしば指摘されることでもあろうが、原因概念が、徹頭徹尾「理論負荷的」、つまり、総じて科学理論に依存する、とされる点である。

たしかに、論じられるとおり、多くの場合、原因概念は科学理論、とりわけ、自然科学理論に依存していよう。私たちのこれまでの論究も、ごく初歩的なものではあるが、しばしば自然科学理論（科学法則）に依拠してきた。実際たしかに、ビリヤードボールの運動にしても、追突事故にしても、火災の発生にしても、あるいはそのほか何であれ、通常、厳密には自然科学理論によって原因の解明がなされよう。しかし、原因というものが、こうした自然科学を典型とする科学理論に総じて依拠しているとまで言うことが、はたしてできるだろうか。たとえば、ビリヤードにおいても、科学理論についてはまったく無知であるが、技は達人であるという人の場合を想定することができよう。この場合この達人は、ボールの運動についてのさまざまな原因を、科学理論的にはおよそ捉ええていない。にもかかわらずこの人は、原因を完璧に捉えていると言うことができるのではないだろうか。すなわち彼は、ボールが最終的にそこで停止する原因——キューやボールやビリヤード台の性質をすべて考慮に入れて、ここをこう打てば、このように転がって、こう止まるということ——を、いうならば、完璧に体で知っている。この人がまたすぐれた指導員でもあるならば、この知を、科学理論とはまったく異なる仕方で、表現することもできよう。このように捉えられた原因が、科学理論によって捉えられたそれよりも、原因として劣るとか、いわんや、それが原因ではない、ということはおよそないだろう。

さらに言うならば、原因というものはまた、科学者が、あるいは、ビリヤードの達人が捉えるほどに、厳密である必要も、完璧である必要もないのではないだろうか。同じように、コツンとボールを突いたのだが、今度は、ボールは同じようには転がらなかった。科学理論はその原因を厳密に説いてみせようし、また、それとはまったく別の仕方ではあるが、達人もほぼ完璧にその原因を把握しよう。しかし、ごく普通の人々はごくおおざっぱに、たとえば、ボールを突いた位置が悪かったのだと考え、とりあえず納得する。この場合、この原因了解はたしかに、実はまちがっているかもしれないし、また、達人や科学の了解に比べれば、いずれにしてもきわめて不正確である。しかし、そうであるからといって、この場合でも、原因ということ自体の了解が、間違っているとか不正確であるとかということはないだろう。それが間違ってはいないからこそ、その後、達人の話を聞いたり、科学的な知見に触れたりした際には、それなりになるほどと思い、さらには、自らの了解を訂正したり緻密にしたりすることができる。もし、原因ということとそのこととの了解に何らかのズレがある——たとえば、原因とは端的に責務という意味だと了解されている——のだとすれば、話はまったくかみ合わないということはないにしても、かなりずれたものとなりえよう。しかし目下の場合は、そういうことにはならない。それは、かのおおざっぱな原因了解においても、「原因」という概念自体は正しく捉えられているからである。ただこの場合、この正しく捉えられた原因概念に盛られた内容が、不正確なものにとどまっているのである。

このような見方をするならば、ハンソンが否定したこと、すなわち、「単一の出来事Aが、単一の出来事Bと因果的に結びつく」ということも、ありうることになろう。すなわち、「ボールを突くということ」（A：原因）と「ボールが転がり始めるということ」（B：結果）、あるいは、「灰皿を押すということ」（A：原因）と「灰皿が押されるということ」（B：結果）等々が、因果的に結びつきうる。ついてはハンソンは、こうした場合においても、かの科学的な「細目」を重視したい、つまり、そうした大まかな物事ではなく、その精緻なあり方こそが真の意味で原因であると主張したいわけである。しかし、原因概念を、そうした「細目」に限定する必要はないのではないだろうか。

こうして、私たちの原因了解は、たしかにその多くを科学理論に負っている。しかし、すでに触れたように、その理論とは、必ずしも科学理論である必要はなく、もっぱら体得した知に依拠することもありえよう。また、原因は、「理論負荷的」である、つまり、いずれにしても理論に依拠するにしても、それは、そのつど厳密に捉えられていなければならない、ということもない。たとえ、不正確であろうとも、きわめてラフであろうとも、また、誤ったものであろうとも、それもたしかに原因である。つまりそれは、不正確な、ラフに捉えられた原因であり、また、誤って捉えられた原因なのである。

目下の問題は、とにかくも、因果関係、もしくは、原因という概念が、そもそも何を意味するか――因果の正体――である。そうである限り、そのつど原因がどのような内容として捉えられるかは問題ではない。カントに即して堅い言い方をすれば、それは、原因をめぐる「事実問題」（経験的な内容の問題）ではなく、「権利問題」（そもそも経験なるものを可能にする形式の問題）なのである。こうした「形式」としての原因に、さまざまな経験的な内容が盛り込まれるのである。

こうした点から見るならば、因果関係とは、たとえラフな説明であろうとも、とにかくも説明的な再構成において成立する――したがって、さまざまな「理論」を前提とした（「理論負荷的な」）――「直近の」原因・結果の関係であるということであり、また、原因とは、総じて、ここにおける「直近の原因」である、ということである。

ハンソン因果論の批判的検討（2）――因果連鎖の想念

さて、ハンソンの因果論をめぐるもう一つの問題は、日常的な「因果連鎖」を徹底して指弾した当のハンソンが、結局のところ「因果連鎖」を認めた、あるいは、認めたというどころか、原因・結果は総じて時間的に相前後し、連続的に連なっていく連鎖だと考えていた、ということである。

原因・結果が、「遠隔の」それであれば、そうした議論も可能だろう。しかし、「遠隔の原因」は、本来単独では原因となりえないものである。したがって、その因果は、本来の因果ではありえず、「直近の因果」に基づいた、いわば二次的な因果なのである。むろんハンソンもそう捉えている。それゆえに、ハンソンの論じる因果とは、これまでにも見てきたように、範例的な因果である「直近の因果」なのである。にもかかわらず、ハンソンは、そこに時間的な前後関係を見ようとするのである。

それは、これまでに繰り返し言及してきたように、私たちが日常、間違いなく陥っている誤認である。しかし、その誤認を、現代を代表する因果論者の一人であるハンソンが、犯しているのである。

「因果連鎖」という想念は、それほどに根深い、と言いえよう。それゆえに、ここで、この想念を孕むハンソンの議論を再現し、もう一度それを退けておこう。

まずは、次の文章を見よう。

> 原因はたしかに結果と結びついている。しかしそれは、われわれの理論が両者を結びつけているからであって、世界が宇宙の膠《にかわ》でひとまとまりにされているからではない。世界はたしかに、われわれには計り知れないものによってのり付けされて、ひとまとまりのものになっているのかもしれない。しかし、そうであったとしてもそれは、因果的な説明を理解することにとっては、何の関係もない。「原因ｘ」と「結果ｙ」との背後にある概念は、理論のパターンを背景としてのみ理解することができる。つまり、理論のパターンのみが、ｘからｙへの推論を保証するのである。この保証によってこそ、真に因果的な継起が、単なる偶然から区別される。(p.64)

もとよりこれは、ハンソンの主張そのものである。因果を結びつけるものは、私たちの「理論」をおいてほかにない。先に、「理論」を背景とした「諸概念の入り組んだパターン」と表現されたものが、ここでは簡単に「理論のパターン」と言われている。「理論のパターン」が、「原因ｘ」から「結果ｙ」への「推論を保証する」、と。

問題は最終文である。ここでハンソンは、「真に因果的な継起が……」、と語るのである。だが、いましがたも確認したように、ハンソンの論じる因果とは、「直近の因果」なのである。かの「原因」、すなわち、「諸概念の入り組んだパターンにおける細目」――ビリヤードボールを突く際の、かのさまざまな諸要因――は、直接同時に結果をもたらす原因である。ここにおいて、原因と結果とは一体で同時であり、そこに「因果的な継起」、すなわち、原因に引き続いて結果が起こるという想念の入り込む余地は、本来ない。

引き続き、次の箇所を見てみよう。

「時計が止まってしまった原因は何か」という問いは、止まってしまったことに責任のある何か一つの事柄についての情報を求めるものである。その一つの事柄とは、動きが停止する直前の「連鎖の輪」にほかならない。(p.69)

ここでの第一文は、因果関係とは、まさに、特別な事態である「結果」についての説明的な再構成だ、ということである。明らかなように、問題は第二文である。原因とは、結果が生じる「直前の」「連鎖の輪」だ、と言う。ハンソンは、その原因を例示しないが、たとえばそれは、電池がなくなったとか、さびが出て歯車が動かなくなった、あるいは、歯車のかみ合わせに支障が出たとかといったことだろう。古典的にはヒュームがやはり時計の停止に言及しているが、その原因とは、ホコリである。むろん、そのほかさまざまな原因が、考えられよう。

原因は、そのどれでもかまわない。問題は、その原因と、時計が止まるという結果との時間的な関係である。それは、同時だ、ということではないだろうか。両者は、事柄として一体なのだから。電池がなくなるということは、時計が止まるということとそのことだろう。それによって歯車が動かなくなるさびが出た、歯車のかみ合わせに支障が出て歯車が回らなくなった、あるいは、ホコリが詰まれば時計が止まる場所にホコリが詰まった等々。これらのことは、そのまま時計が止まるということそのことである。それらはすべて、時計の停止という事態と一体で、同時である――「直近の因果」――。

にもかかわらず、こうした原因をハンソンは、「動きが停止する直前の「連鎖の輪」」である、と言う。「因果連鎖」という想念が、いかに強固で根深いか、ということが分かろう。

さらに、目下の引用文の後ハンソンは、時計が止まることの原因ではなく、動くことの原因へと話を転ずる。もっとも、時計が動くということは、普通で、当たり前のことなので、その原因を問うということは、奇妙なことであり、ハンソン自身もそれを認めるのだが、認めつつ、こう言うのである。

> 止まったという場合においては、〈あれ・これ〉というチクタク式の説明がうまくいったかもしれないが、動いている場合に関してはそうではない。時計を動かしているものについての完全な説明は、多くの時計学上の理論や物理学を含むことになろう。(ibid.)

こう述べて、ハンソンは、時計の動きの全体を因果関係として捉えようとするのである。

すなわち、止まったことに関しては、「あれ：電池切れ」(原因)→「これ：時計の停止」(結果)という説明で片が付く。しかし、動いていることに関しては、そうはいかない。そこには、「時計学上の理論や物理学」に依拠した多くの要因つまり原因が、関与する。この複雑に絡み合う要因(原因)・結果のすべてを取り上げなければ、完全な説明にはならない。これはハンソンのこれまでの議論そのものである。

ただ、ここにおけるこの「完全な説明」とは、複雑に絡み合う原因・結果の、複雑な「あれ」→「これ」を、明らかにしてみせること、つまり、きわめて多数の要因が複雑に絡み合う因果の「連鎖」を、たどってみせることだ、というのである。

時計の動きを、複雑な因果の連鎖であるとするイメージは、広く認められる一般的なものなのではないだろうか。ハンソンもまた、そのイメージを共有する。しかし、これは、次に見るように、端的な誤認なのである。

因果連鎖は存在しない

思い切って単純化して考えよう。ハンソンは、複雑な時計の構造を論じるが、問題をはっきりとさせるには、思い切って単純化した方がいい。

そこで時計の構造を、次のように考える（図1）。すなわち、一定の速さで流れる水と、その水流で一定の速さで回る水車、および、水車と同じ軸に付けられて、同じく一定の速さで回る歯車（a）、そして、その歯車に並列的にかみ合う二つの歯車（(b)、(c))、ならびに、この二つ歯車のそれぞれの軸に付けられた長針と短針とからなる、というように。これだけだと、長針と短針が別々の軸にあることになるが、まあ、それぞれに文字盤を付けて、長針、短針の指示する数字を、それぞれの文字盤で読むこととする。それで、水車（歯車（a））の回転速度、および、歯車の歯の数を調整して、長針は一時間で一回り、短針は半日で一回りするようにする。

そうすると、一般には――そして、おそらく間違いなくハンソンにおいてもそうなのだが――次のように考えられよう。すなわち、まず、①「水流が水車に当たる」。次いで、②「水車および歯車（a）が回る」。引き続き、③「歯車（b）と（c）とが回る」。そして最後に、④「長針と短針が動く」、と。

しかし、すでに明らかだろう。ここには、そのような①→②→③→④といった継起、つまり、因果の連鎖といったものは存在しない。①から④は、まちがいなく同時であり、同時に生起する一つのシステム（仕組み）なのである。水流によって水車が回ることによって、この一つのシステムの全体が、全体として、時を刻んでいく。時は、決して①→②→③→④と刻まれるのではないのである。

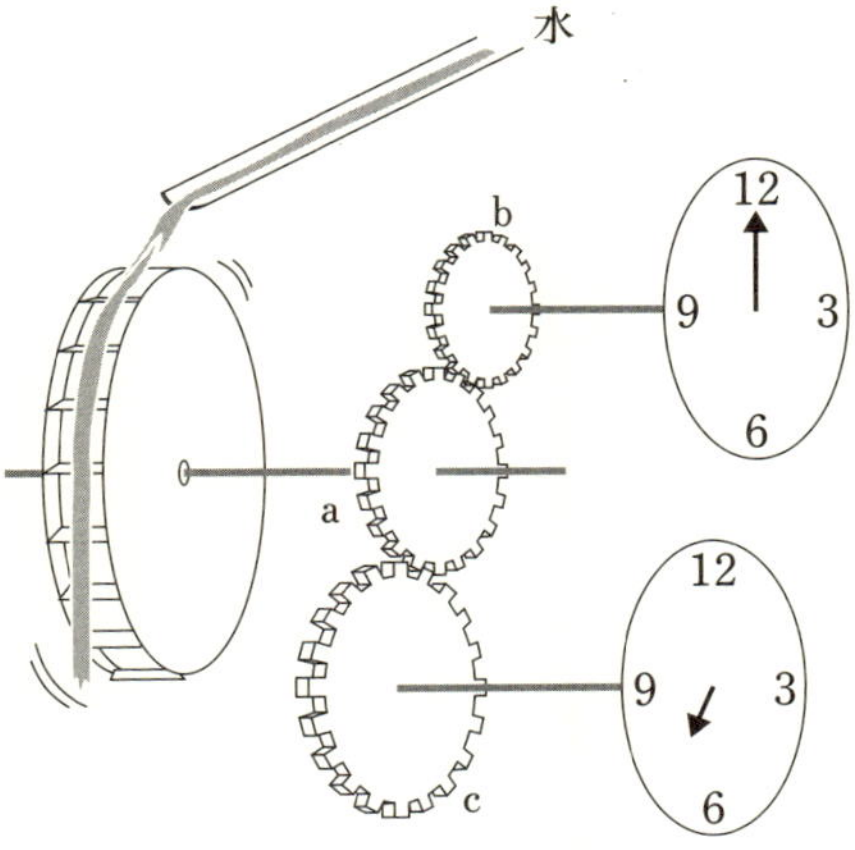

図1　簡単な水車時計

このシステムのもとで、原因と結果（①と②、②と③、③と④）とは総じて、一体であり同時である。それらはすべてまさに「直近の因果」なのである。時計における、原因、結果のあり方は、その構造がどんなに複雑になろうとも、この単純化された場合と、同じであろう。

にもかかわらずハンソンは、そして私たちは、ここに因果の連鎖を見ようとするのである。しかし、目下の場合、原因と結果との間のどこにも時間経過は存在しない、つまり、ここに「因果連鎖」なるものはおよそ存さないのである。

たしかに「直近の因果」は、範例的な因果であり、因果の基盤である。しかし、繰り返しになるが、この因果は、一体で同時なのである。この一体で同時である因果の全体（①=②=③=④）が、目下の場合、刻々時間的に生起する。それは、決して時間的に継起する原因から結果への流れ（①→②→③→④）、つまり、「因果連鎖」なるものではない。日常的な因果連鎖を徹底して批判したハンソンも、実のところ、「因果連鎖」という想念に捕まったままであった。

「因果連鎖」という想念は、ヒューム、カント以来すっかり定着し、現在に至るまでほとんどの人たちが、その想念に捕まったままである。ダメットは、たしかに「直近の因果」が同時であることを洞察していたが、「遠隔の因果」なるものを考えたとき、やはり、この想念、つまり、「ヒュームのジレンマ」につまずいた。また、実はマッキーもこの想念と手が切れてはいない（p.44）。そして、ハンソンも、また、私たちも。

しかし、因果の基盤が「直近の因果」であるということ、「遠隔の因果」もまた、結局のところ――つまり、「原因的必然性」を考えるならば――「直近の因果」と同構造になるということの洞察は、因果とは何かを突き詰めるために、このうえなく重要である。原因の成立と結果の成立とは、総じて一体で同時なのである。

第10節　因果了解に関する諸問題

私たちの了解する因果関係というものがどういうものであるのか、その内実はどういうあり方なのかについて、これまでで、論じるべきことは論じた。ただ最後に、諸問題として、因果了解に関連するいくつかの問題を取り上げて、目下の論を締めくくりたい。

個別因果言明と一般因果言明

まず一瞥したいのは、因果了解に関してときに論議される問題、すなわち、この了解は、いままさに起きている、この個別的な事柄についての了解もしくは言明（「個別因果言明」）なのか、それとも、そうしたことには必ずしも関わりのない、一般的な了解（「一般因果言明」）なのかという問題である。

この問題は、とりわけ「遠隔の因果」に関わるのだが、たとえば、かの追突事故の例において、私たちは決して、脇見運転（原因）によって追突事故（結果）が起こる、と一般的に言うことはできない。つまり、この「一般因果言明」は成立しない。しかし、いままさに起きている、あるいは、すでに実際に起きた、その個別の追突事故に関してであれば、こう言うことができる。すなわち、脇見運転（原因）によって、その追突事故（結果）が起きた、と。つまり、「個別因果言明」は成立するのである。

これについてマッキーは、こう言っている。因果関係においては、「一般因果言明」よりも「個別因果言明」が優先する、と（Mackie, J. L., *The Cement of the Universe: A Study of Causation*, Oxford, 1974, p.50）。実際、すでに論じたように、因果関係とはまずは、現に生じた、普通ならざる特別の（個別的な）事態——結果——に関する説明的な再構成なのである。たとえば、現に追突事故が起こった。ついては、それが、なぜ起こったのかが問われ、理論的な裏づけのもとに、その再構成が始まる。それは、居眠り運転によったのか、あるいは、突然の発病か、それとも、霧や強い日差し、また、前方のカーブ、路面の凍結、ブレーキの不具合、運転の未熟等々によったのか、さまざまな「細目」にわたって、調べられよう。その結果、そうした諸点に問題はなかった。つまり、それらに関しては、すべて普通どおりであった。ただ、脇見運転をしていた。これがただ一つ、普通ならざることであった。そうであることにおいて、つまり、(「脇見運転」+「その他の自明な事柄」)=「追突事故」ということにおいて、脇見運転が追突事故の原因とされる。これは、「一般因果言明」ではなく、「個別因果言明」である。

マッキーの道具立てに即すならば、かの「US条件」の設定が、「個別言明」への限定にほかならない。すなわち、「US条件」なるものは、結果の再構成そのもの(「US条件(ABC→D)」=「結果」)であったわけだが、それは、まさに現に起こった個別ケース(「電気のショートによる火災」)の再構成である。この個別ケースにおいて、まさに「電気のショート」という「INUS条件」が、原因とされるのである。

ただし、こうして、因果に関する言明が、「個別言明」であるのだとしても、むろんそれは、まったく一個の個別のケースにのみ当てはまる、というわけではない。というのも、実際多くの追突事故が、脇見運転によって引き起こされているからである。その意味で、それはまた、さまざまな個別ケースの調査やさまざまな推論によって形成された「一般言明」――あるいは「特殊言明」――である、とも言いえよう。脇見運転によって追突事故が引き起こされます。注意しましょう、と。いましがた挙げた追突事故のさまざまな原因についても、同様のことが言いえよう。

こうした「一般言明」(「特殊言明」)は、まさに、さまざまな個別ケースを通して、蓄積されることになろう。たとえば、脇見運転や居眠り運転をしていたわけでもなく、スピードもそれほどでなく、ブレーキも正常に働き、雨もしばらく前にやんでいて、車間距離もほぼ十分であった。にもかかわらず、追突事故が起こった。それで、原因を調べたところ、横断歩道の白いゼブラ状の白線の間に水がたまり、それによってタイヤがスリップしやすい状態であったということ分かった。つまり、原因は、横断歩道の白線間の水たまりによる、タイヤのスリップであった、と。これによって、「横断歩道の白線間の水たまりによって、追突事故が発生する」という「一般言明」が、蓄積されるわけである。ただしこの例については、その後に、直ちに、ゼブラ状の横線の両側の縦線は引かない、もしくは、横線と縦線を離す――それによって水たまりをなくす――こととした、という。これによって、この一般言明は、不要のものとなったわけだが。

いずれにしても、こうして、因果言明は「一般因果言明」でもある。しかし、それに対しては、たしかに、マッキーの言うように、「個別言明」が優先する――まずは、こうした個別の事故が起こる――のである。

ただ、また、さらに一歩踏み込むならば、通常の因果言明の場合には、「一般言明」が優先する、とも見うる。というのも、通常は、何か事が起こった際の説明的再構成――原因探求――に際しては、まずは、すでに蓄積された相当数の「一般言明」がまずあって、それが適用される、ということになろうからである。たとえば、追突事故が起こった。とすれば、まず念頭に浮かぶのは、先に挙げたさまざまな原因による一般的な説明的再構成だろう。実際また、それにしたがって、個別的事態の再構成が行なわれよう。そうである限り、実際の手続きとしては、「一般因果言明」が「個別因果言明」に優先しよう。

反事実条件

因果了解に関してはまた、「反事実条件」という私たちの一定の思考形式が、相当程度頻繁に用いられる。

このことに着目して、因果論において、この思考形式を最重要視したのが、D・ルイス等であるが、もとより私たちは、因果了解に関して、この思考形式を頻繁に用いている。それは、いわば、後悔の形式であるが、ああ、あれをしなければ、ああ、これをしていれば、そんなことにはならなかっただろうに、という、なじみのものである。

脇見運転をしなければ、居眠り運転をしなければ、そんなにスピードを出していなければ、普段きちんと整備を行なっていれば、そんな事故は起こらなかっただろうに。電気のショートや漏電に普段気をつけていれば、火の始末をきちんとしていれば、スプリンクラーを設置していれば、そんな火災にはならなかっただろうに。普段もっと運動していれば、そんなに脂っこいものをたくさん食べなければ、喫煙などやめていれば、お酒をもっと控えていれば、そんな病気にはならなかっただろうに。あるいはまた、もっと上手にボールを突けば、ボールはもっと違った転がり方をしただろうに、と。

枚挙にいとまがないし、また、こうした思考形式は、「遠隔の因果」に関しても「直近の因果」に関しても等しく成立する。そうであることにおいて、こうした「反事実条件」が成立するならば、この「反事実条件」を構成する事柄——脇見運転、居眠り運転、スプリンクラーの非設置、喫煙、飲み過ぎ等々——が目下の原因だ、というわけである。

これまでの議論に立ち返っておくならば、たとえば「遠隔の因果」とは、(「原因」+「その他の自明な事柄」)＝「結果」という定式において、成立した。そうであるとすれば、当然のことながら、もし「原因」がなかったならば、結果は生じなかったのである。「直近の因果」は、「原因」＝「結果」なのだから、言わずもがなだろう。

ただ、こうした思考形態は、非常にインパクトがあって分かりやすいのだが、とりわけ「遠隔の因果」に関しては注意が必要である。というのも、「遠隔の因果」に関して、目下の「反事実条件」は必ずしも成立しないからである。たとえば、脇見運転をしなければ、追突事故は起こらなかっただろうに、という。しかし、実は、この場合、脇見運転をしていなくても、同じように追突事故は起こったかもしれないのである。たとえば、この運転者は、すでに相当眠気を催していたのだが、珍奇な看板が目に入って、ハッとそれに見とれて事故を起こした。しかし、珍奇な看板が目に入らなかったとすれば、そのままフッと一瞬の睡眠に落ちていたかもしれなかった。とすれば、脇見運転をしなければ、事故は起こらなかっただろうに、とは必ずしも言えない。このようなことがあるならば、一般に「反事実条件」の成立をもって、原因を特定するということは必ずしもできないのである。つまり、ここには、しばしばさまざまに論じられる、重複原因の問題が介在するのである。

しかし、この問題に立ち入ることはしない。この問題は、これまでの私たちの議論の脈絡——因果の基盤は「直近の因果」であり、「遠隔の因果」は、それに基づいて成立する二次的因果である——においては、生じないのである。そうである限り、それは、因果の問題であるというよりは、「反事実条件」という思考形式の問題なのである。

原因と責任あるいは効果的操作

私たちの因果了解においてはまた、原因と責任、あるいは、原因と効果的な操作といったものとが、密接に関連する。

ギリシア語にさかのぼれば、原因とは *aitia* であり、それは、「原因」であるとともに、また、「罪」とか「責任」とかをも意味する。こうしたことからも、まずは、「原因」と「罪」や「責任」とが、密接に結びつきうる概念であることが窺える。そして、このように両者が密接に結びつきうるということは、これまでの議論から、容易に見て取ることができるのである。

というのも、原因とは、特別なこと（結果）を引き起こす、特別な事柄——普通でない、当たり前でない、自明でない事柄——であるわけだが、他方、罪や責任を問われる事柄もまた同様に、特別なこと（とりわけ、特別な悪しき結果）を引き起こす、特別な事柄——普通でない、当たり前でない、自明でない事柄——であるからである。つまり、結果として捉えられることが悪しき事柄である場合、その原因と捉えられる事柄と、それについて罪・責任が問われる事柄とが、そのつど重なり合う（構造的に一致する）のである。

これまでの例によれば、典型的に、追突事故の際の脇見運転がそうであり、また、火災の際の電気のショート、普通でない事柄と見なされる限りでの紙の散乱、カーテンの存在、建材の可燃性が、罪・責任を問われうる事柄だろう。ビリヤードの場合には、悪しき結果となった際、その原因は通常もっぱら、その際の最初の一突きにあると見なされよう。そして、その一突きこそが、まさに、罪・責任（自らの罪・自己責任）の対象なのである。

こうして、悪しき結果を引き起こす原因が、そのまま罪・責任が問われる事柄なのである。

もっとも、そうであるからといって、その種のあらゆる原因がこうした対象になるということではない。すなわち、原因がもっぱら不可抗的なものであり、それが生じることがわれわれ人間にはどうにもならないことであった場合には、それは、罪・責任の対象とはならない。というのも、罪・責任とは、もっぱら人間が負うものだからである。人間にはどうにもならないことの罪・責任を、人間が負うことはできない。たとえば、何らかの自然災害が、もっぱら人間の不可抗的な原因によって生じたのであれば、それについては、およそそうしたことは問いえないのである。

こうして、結果が私たち人間にとって悪しきこと、望ましからざることである場合には、その原因は、——それが不可抗的な事柄ではない限りにおいて——同時に、罪・責任が問われうる事柄である。これに対して、結果が私たち人間にとってよいこと、望ましいことである場合には、原因は、――やはり私たち人間が関わりうる事柄である限りにおいて――効果的な操作であると捉えられることになろう。実に多くの場合がこれに当たる。たとえば、ブレーキを踏むこと、アクセルを踏むこと、さまざまな電気機器のスイッチを入れること、スペースを確保するために、灰皿やイスを押しやること、望ましい結果が出た限りでの、ビリヤードボールの最初の一突き等々。あるいは、みごとに病気が治癒した限りでの薬の投与などもその例だろう。

これらの事柄は、私たちにとっての望ましい事柄（結果）を引き起こす特別の事柄（原因）である。それらこそが、私たちの行なう効果的な操作なのである。

よい結果を引き起こす当たり前ならざる事柄としての原因とは、それが、私たちの関わりうる事柄であることにおいて、総じて、効果的な操作なのである。悪しき結果に関して、その原因とそれについての罪・責任を問うべきことが、事柄として重なり合うのとまったく同様に、望ましい結果に関しては、原因であることと効果的な操作であることとが、構造的に重なり合う。

原因は、こうして日常的に、罪・責任、そして、効果的操作といったことと密接に結びつくのである。

因果の確率的な必然性

因果了解に関してまた、これまで繰り返し強調してきたことは、本来原因（「必然的な原因」）が、結果に対して時間的に先立つということ、時間的に先立つ原因が、後続する結果を必然的に引き起こすということ、また、その関係が連鎖するということ（「因果連鎖」）は、総じてありえないということである。また、このありえない想念が、いかに強固で根深いか、ということも、繰り返し論じた。しかしまた、この強固で根深い想念の一変形と見なしうる一つの因果了解が、かなり一般化しているようでもある。目下の議論を締めくくるにあたり、最後に触れておきたい問題は、この一変形形態についてである。

その形態とは何かと言えば、それは、因果間の（原因的）必然性を、文字通りの必然性（一〇〇％の必然性）ではなく、確率的な必然性と見る見方である。すなわち、この必然性を一〇〇％の必然性とすると、原因と結果とは、「遠隔の因果」をも含めて、その成立が同時とならざるをえず、両者はぴったりとくっついて一体のものとなってしまう。それでは、因果の連鎖などというものも成立のしようがない。それゆえに、この必然性に度合いを設けよう、というのである。それによって、原因と結果との関係は、ある程度ゆるいものとなるが、しかし、両者の独立性は確保され、原因が結果に先立ちうるとともに、あるゆるい仕方での因果連鎖なるものも確保されることになる。

たとえば、ある計算によれば、かぜを引くと発熱をする確率は六五％なのだそうである。そうであるとすれば、「かぜ」と「発熱」とはたしかに、時間的に相前後する、相互に独立の別物で、かつ、両者の間に、一定程度の必然性が存することになる。つまり、かぜを引けば、それが原因で、その一〇〇のうち六五が、その後必ず発熱へと至る、と。さらに、かつて熱性の痙攣を起こしたことのある小児の場合には、発熱が原因で痙攣が三〇パーセントの確率で起こるのだそうで、もしそうであるならば、「かぜ」→「発熱」→「痙攣」というあるゆるい繋がりの因果連鎖なるものも成立する。

このような因果了解は——しばしば不明瞭で不確実でありはするものの——私たちにとってまたなじみのものであり、また、実用的な観点から現にさまざまに利用されてもいよう。たとえば、喫煙や間接喫煙と肺ガン、さらには、その他のさまざまな病との関係、飲酒と肝臓疾患との関係等々、また、さまざまな政策の実行もしくは不実行と政府等の支持状況や、さまざまな気象的な要因とさまざまな商品の販売量との関係等々においてである。

こうした関係了解は、一般に、われわれにとってときに不可欠の情報であり、いずれにしても何らか有益なものであろう。

だが、哲学的には、あるいは、こう言ってよければ、存在論的には、それは、根本的に問題的なのである。なぜならそれは、根本において、世界の出来事が、時間的に相前後する原因と結果との結びつき、もしくは連鎖であるという見方に立つものだからである。

すでに明らかなように、と言うことができるかと思うが、出来事は決して時間的に相前後する二項間の結合からなっているのではない。「かぜ」と「発熱」に関しても、両者の間には、複雑なシステム（仕組み）が介在している。それは、時間的に同時で一体である「直近の因果」の、時間的連続的な経過なのである。

にもかかわらず、確率的な因果論は、出来事を、あるいは、世界を、二項間的な因果連鎖として捉えようとする。たしかにそれは、実用的には大いに有効であろうが、しかし、存在論的には、あるいは、世界観的には、それは、原因の時間的先行性、ならびに、「因果連鎖」というベイシックな誤認を助長するものとなろう。

第3章　因果関係から理由関係へ

——理由論ならびにライプニッツとの対比

原因・結果とは、そもそもいかなるものなのか――この問題をここまで突き詰めてきた。それによれば、まずは、私たちのいわば基本的な因果了解なるものは、成立しない、ということであった。すなわち、時間的に先立つ原因が、必然的にある結果を引き起こすということは、構造的に、あるいは、原理的にありえないのである（第1章）。にもかかわらず私たちは、きわめて広範に因果了解を行なっている。この、にもかかわらず行なわれている私たちの因果了解とは、いったい何なのかが、次に、検討された（第2章）。

その要点を再現するならば、こうなろう。すなわち、この因果了解の範例、もしくは、基盤は、因果が同時で一体である「直近の因果」であり、ここにおいては、「原因的必然性」と「結果的必然性」の両必然性が成立する。それに対して、時間的に相前後する「遠隔の因果」とは、一連の「直近の因果」によって構成される派生的な因果関係であり、そこに成立するのは、「結果的必然性」のみである。そして、この「遠隔の因果」にも、「原因的必然性」という、いわば因果の必須の成立要件が導入されるならば、それも、「直近の因果」と同一の構造となる、つまり、原因（「原因」＋「その他の自明な事柄」）と結果とが一体で、その成立が同時となる、と。

こうしたことによって、しかし、いまや次のことが示唆されてはいないだろうか。それは、私たちの因果了解、つまり、私たちが因果関係であると了解しているものは、実は因果関係ではないのではないか、ということである。原因と結果とは、「因果連鎖」などという想念を振り払って、きちんと見定めるならば、基本的にことごとく同時で一体のものなのである。そうであることにおいて、私たちはこれまでそれを総じて、ダメットの用語に従えば、「直近の因果」であると、つまり、依然として因果関係であると捉えてきた。しかし、さらに一歩立ち入るならば、本当は――ラッセルを論じる際に示唆したように――それらは、原因・結果ではないのではないだろうか。

だが、それでは、それはいったい何なのだろうか。しかし、それについてはすでに、明らかになっているのではないだろうか。なぜなら、因果関係とは、結果についての説明的再構成である、ということなのだから。それは、結果が〈なぜ〉生じたのか、に答えるものなのだから。

第1節　十分な理由とは何か——原因と理由

私たちが、因果関係であると了解しているものとは、実は、因果関係なのではなく、〈なぜ〉の問いへの応答、すなわち、理由関係なのではないだろうか。必然的な因果関係とは実は、十分な理由と帰結との関係なのではないか。

〈なぜ〉への応答としての十分な理由

何かが起こったとすれば、それを引き起こした原因が必ずある、という了解とまったく同様に、私たちは、何かが起こったとすれば、必ずそのことが起こりえた十分な理由があると、何の抵抗も違和感もなく了解しよう。そして、冒頭にも触れたように、しばしば、この必然的な原因了解と十分な理由了解とは、区別されずに、同じ了解形態であると見なされる。

しかし、この二つの了解形態は実はまったく別物なのである。というのも、必然的な原因という了解は、成立不可能なのだからである。つまり、時間的に先立つ原因が、後続する結果を必然的に引き起こすということは、構造的にありえない。それゆえに、「直近の原因」という、変形された原因形態が提起される。しかし、やはりそれは、私たちのそもそもの因果了解――原因は時間的に先立つ――に立ち返るならば、原因ではありえないのである。

これに対して、十分な理由という了解は、十分に成立する。十分な理由とは、まさに、〈なぜ〉に対する答え、つまり、起こった事柄の説明的な再構成であるのだからである。それゆえにそれは、必然的に当の事柄を成立させ、かつ、その事柄と同時でありうるのである。

この二つの了解形態が実に混同されていよう。すなわち私たちは、必然的な原因と十分な理由とを混同し、取り違えているのであり、必然的な原因と了解しているものは、実は、十分な理由なのである、ということなのではないか。たとえば、追突事故が起こった、とする。すると、そこに存するのは実は、必然的な原因ではなく、そのことが起こりえた十分な理由なのではないだろうか。つまり、ハッと気がついてブレーキをかけたけれども、前の車の停止位置までに停止することができなかった、と。これは、必然的な原因なのではなく、十分な理由であろう。そういう理由で、まさに不可避的に（必然的に）追突事故は起こったのである。それは、起こった事柄についての説明的再構成なのであり、その〈なぜ〉の問いに対する応答、つまり、「理由」なのである。

まったく同じことが、追突事故といった「遠隔の因果」に関してのみでなく、「直近の因果」に関しても言いえよう。たとえば、その動きを阻止する何ものもない状況下で、灰皿を押すこと（原因）によって、灰皿が動く（結果）、というように、私たちはこの事態を、通常たしかに、因果関係と了解しよう。しかし、これもすでに見たように、ここに存するのはまずは「結果的必然性」――やってみたら結果的に動いたという事態についての必然性――であり、また、原因とは、その結果についての説明的再構成であり、やはり、その〈なぜ〉への応答なのである。そうであることにおいて、この原因とは、実は原因なのではなく、理由だろう。それは、理由だからこそ、結果と一体で同時なのである。

ダメットはこれを、「直近の原因」と捉え、私たちもこれまでそうしたものとして論じてきた。それは「直近の原因」として、必然的な原因でもある、と。しかし、この必然的な原因とは、実は十分な理由であろう。このことは、一つ、灰皿やイスの移動に関してのみならず、あらゆる「直近の原因」に関して言いうることではないだろうか。

原因と十分な理由

このように見るならば、私たちが「必然的な原因」と了解するものとは、実は「十分な理由」なのである。ただ、そうであるとしても、原因なるものがまったく消滅してしまう、というわけではない。たしかに、なお原因は原因として存し続けよう。しかし、それは、もっぱら「理由」(「十分な理由」)に依存することによって、であろう。

たとえば、追突事故に関して、たしかに人々はこう言おう。それは、なるほど、これこれの理由で起こったということであるのかもしれない。しかしそれにしても、その原因はやはりあるのではないか。つまり、それが脇見運転なのではないか、と。たしかにそれは、そのとおりだろう。ただ、そうだとしても、その際念頭に置くべきことは、そうした原因とは、私たちが了解する十分な理由――それは、これまでの論議に即せば、たとえば「US条件」である――のなかの一要因なのであり、そうした一要因であることによってはじめて原因なのだということである。つまり、原因とは、全面的に理由に依存しているのだ、と。

原因は、理由――「US条件」――が成立してはじめて成立する。このことは、言い方を換えるならば、そもそもの「必然性」、つまり、「原因的必然性」が成立するのは、原因（「ＩＮＵＳ条件」）においてではなく、理由（「ＵＳ条件」）においてである、ということである。つまり、あることが起こった必然性は、原因のうちにではなく、あくまでも、理由のうちにあるのである。

このことはまた、脇見運転等の「遠隔の原因」に関してのみでなく、「直近の原因」に関しても同様である。すなわち、その動きを阻止する何ものもない状況下で、灰皿を押すこと（原因）によって、灰皿が動く（結果）、という。これは、「直近の因果」関係であるので、この原因には、たしかに「原因的必然性」がある。しかし、こうした原因（「直近の原因」）もまた、やはり、結果についての説明的再構成であり、結果の〈なぜ〉に応答するものなのであった。そうである限り、それはやはり、それ自体としては原因ではなく、理由（十分な理由）だろう。だからこそ実際、原因（本当は、十分な理由）と結果（本当は、帰結）との成立は、同時なのである。ただ、このような「直近の原因」の場合には、それは、「遠隔の原因」とは違い、理由の一要因なのではなく、理由の全体である。つまり、私たちは、「直近の原因」の場合、十分な理由の全体を原因と了解しているのである。したがって、原因は「原因的必然性」をもつことになる。というのも、それは、結果が生じるについての十分な理由そのものなのだからである。

そうであるならば、この原因もまた、やはり十分な理由に依存して成立していることになろう。つまり、それは、十分な理由そのものをちゃっかりと借用して、それを原因と称している——詐称している——のである。灰皿の動きを阻止する何ものも存在しない状況で灰皿を押すことという、灰皿が動くことについての十分な理由が、「直近の原因」という呼称に取って代わられている。

同じこと（詐称）が、すべての「直近の原因」においてなされていよう。

因果関係から理由関係へ（1）——ラッセルをめぐって

このように見るならば、私たちの世界が因果関係によって、もしくは、因果連鎖によって成立している、という私たちの通念は、最終的に崩れ去ろう。「時間的に先立つ原因が、後続する結果を必然的に引き起こす。そして、この原因・結果の関係が、連鎖となって、過去から現在へ、そして、未来へととぎれることなく連綿と伸び続ける」という、ヒューム、カントが端的に提示し、ほぼそのまま現代にまで引き継がれている、この想念は、結局、維持できない。私たちの世界を成り立たせている関係性とは、こうした因果の関係性ではないのである。そうではなく、それは、十分な理由とその帰結との関係性なのである。

私たちの世界、もしくは、世界了解の原理とは、生じることには、それが生じる原因が必ずあるという、必然的な原因性の原理ではない。そうではなく、それは、生じることにはつねに、それが生じるについての十分な理由があるという、十分な理由の原理なのである。

そうであることにおいて、ここで振り返るべきは、やはり、かのラッセルの議論だろう。

先に論及したように、一九一二年にラッセルが、因果関係というものを原理的に否定していた。まさに、時間的に先立つ原因が後続する結果を必然的に引き起こすなどということは、原理的にありえない。それは、固陋な哲学者の単なる思いこみである、と。そして、真に存在する関係性とは、「実際的な観点にしたがって隔離されたシステム」であり、具体的には、等式もしくは関数——すなわち、科学法則——である、と。

こうしたラッセルの議論を振り返るならば、それはまさに、因果関係から理由関係への転換の主張である、と言うことができるだろう。重力の存在は、物が落下することの原因ではない。両者は決して因果関係においてあるのではなく、一体となって、「隔離されたシステム」、すなわち、「等式」・「関数」（$S=(1/2)gt^2$）を形作る、とラッセルは言う。だがまた、このシステムとは、物が落下するということ、あるいは、どれだけ落下するのかということについての十分な理由にほかならないだろう。すなわち、物がなぜ落下するのか、あるいは、なぜそれだけの距離を落下するのか、と問うならば、その答えは、かの関数――物は、その落下が阻止されない限り、落下時間の二乗と重力との積の半分の距離を落下するものなのだということ――であることになろう。

ボールどうしの衝突に関しても同様である。この衝突が原因で、その結果、このボールの動きが変わり、静止していたボールが動き始める、というわけではない。そうではなく、この衝突とは、まさに、こうしたすべての要因を含み込んで、それ自体一つのシステム（$m_1\boldsymbol{v}_0=m_1\boldsymbol{v}_1+m_2\boldsymbol{v}_2=C$）をなしているのである。だがまた、このシステムとは、この衝突に関わるすべての要因についての十分な理由をなすものだろう。たとえば、静止していたボールはなぜ、その速度方向（$\boldsymbol{v}_2$）で転がり始めたのか。なぜなら、$m_1\boldsymbol{v}_0=m_1\boldsymbol{v}_1+m_2\boldsymbol{v}_2=C$だからである等々。それは、目下生じている事柄の十分な理由なのである。また、このシステムが、同時に、転がっているボールは、その動きが阻止されない限り転がり続けるということの十分な理由（$m_1\boldsymbol{v}_0=C$）ともなっている。

その他についても同様だろう。電気回路においては、よく知られているように、基本的にいわゆるオームの法則――電流（I）は、電圧（V）に比例し、抵抗（R）に反比例する（$I=V/R$）――が成り立つ。これはまさに、一つのシステムである。そして、またこれは、この諸要因に関する十分な理由でもあろう。すなわち、抵抗が極端にわずかである回路、つまり、短絡回路が作られた。とすれば、膨大な電流が流れることになる。なぜなら、$I=V/R$だからである。Rが極端に小さければ、Iは極端に大きい。さらに、神経細胞の情報伝達に関しては、先に見通したように、それは神経細胞のシステムが正常に機能していることによるのであり、また、それが正常に機能しているということそのことなのである。そうであることにおいて、ここにおいても、このシステムとは、神経細胞において情報伝達がなされることについての、十分な理由にほかならない。なぜ、伝達が行なわれるのか。それは、そういうシステムだからである。音や波の伝播などについても、まったく同様だろう。

こうして、ラッセルによれば、世界は、因果関係によって成り立っているのではない。そうではなくそれは、多様なシステム、等式・関数によって、成り立っている、という。だがそれは、換言すれば、十分な理由によって成り立っている、ということでもある。世界は十分な理由で満たされているのである。

因果関係から理由関係へ（2）——ハンソン、ダメット、マッキーをめぐって

このように見るならば、私たちはまた、かのハンソンの議論をも想起することになろう。すなわち、かのハンソンの議論によれば、因果関係というものは、徹頭徹尾「理論負荷的」であり、ある「システム」もしくは「理論のパターン」を背景にしてはじめて成立する、というものであった。

そうであるとすれば、ハンソンにおいても、私たちの世界はやはり、「システム」・「理論のパターン」、あるいは、端的に「理論」によって、成り立っているのである。そうであることにおいて、私たちの世界の物事は、ラッセルにおけるのと同様に、「理論」を背景として、その実例もしくは具体化として成立しているのである。そして、この「理論」とは、結局のところ、物事はなぜそのようであるのか、という問いに対する答えであり、つまり、総じて十

分な理由なのである。

ただハンソンは、依然因果関係というものに捕われていた。ハンソンにとって、世界の根本的な関係性とは、依然として因果関係であり、また、因果連鎖なるものであった。しかし、理論、とりわけ、ハンソンが重視した自然科学的な理論については、先にも言及したが、因果関係とは無縁であるということが、すでに相当に広く受け入れられていよう。実際それは、因果関係とは無縁だろう。それは、因果関係ではなく、十分な理由と帰結の関係なのである。

同様のことは、ダメットにも当てはまるだろう。ダメットも「遠隔の因果」に関して、因果の連鎖を論じたが、しかし、そこで主として力学をモデルに論じられる因果は、「直近の因果」であれ「遠隔の因果」（「原因」+「型どおりの事柄」）=「結果」）であれ、実は総じて因果関係ではなく、十分な理由・帰結の関係なのである。

さらに、マッキーの議論にも立ち返っておくならば、ここにおいて、このことがまたきわめて明瞭に見て取りうる。すなわち、現に生じている事柄は、十分な理由によって生じているということ、また、そこに原因なるものが存するにしても、それは、十分な理由に依存してのことである、と。すなわち、すでに先取りして言及したが、マッキーの提示する「US条件」（ABC¬D）とは、生じた事柄（P）のまさに十分な理由にほかならない。（ABC¬D）とは、生じた「火災」（P）そのものであり、その説明的再構成である（（ABC¬D）=P）。この「十分な理由」によってこそ、「火災」は発生した（P）のである。そして、その際の「原因」、すなわち、「INUS条件」——A, B, C, ¬Dのいずれか——は、まさに「US条件」に依存して成立しているのである。

世界は、まさに、「十分な理由」=「帰結」という関係性において、存立している。

十分な理由と理論負荷性

世界に存する事柄は、原因によって存しているのではない。そうではなくそれは、十分な理由によって存している。世界を作るのは原因ではなく、十分な理由であり、世界は十分な理由に満たされている。

では、あらためて問うならば、この、世界を満たす十分な理由とは、何なのだろうか。火災が起こったときに、電気のショートがあって、それによって近くの紙が燃え云々と説明されれば、私たちは納得する。それは、目下の火災にとっての十分な理由である。これに対して、居間にあった火災の絵が突然燃え出して壁に燃え移り云々と言われたとすれば、誰も納得しないだろう。それは十分な理由にはなりえない。なぜなのだろうか。なぜ、前者は十分な理由であって、後者はそうではないのか。

だが、この問いについては、すでに答えられえていよう。すなわち、ハンソンの用語を借用して言えば、十分な理由とは、「理論負荷的」だ、あるいは、理論そのものだ、ということである。電気のショート云々という理由は、——因果に関する議論において、論及したように——私たちが広く了解している理論を背景にしている。あるいは、それは、私たちが背景にしている理論そのものである。そうであることにおいて私たちは、その理由によって、なるほどと納得する。火災は、なるほど、そのようにして、理論どおりに起こったのだ、と。これに対して、同様の議論を繰り返せば、居間の絵が突然燃え出し云々という理由が示されたのだとすれば、それには納得できない。そんな理由を裏づけるような理論を、とにかくも私たちはもち合わせていないからである。それゆえに、そういうことはありえない、と私たちは考える。追突事故なども同様で、車の色が青かったので、あれよあれよという間に前の車にぶつかった、などという理由は、訳が分からない。そんなことは、私たちの理論に照らしてありえないからである。

ラッセルが主張したことも、まさにこうした「理論負荷性」だろう。つまり、世界の出来事は、一定の理論そのものであり、その実例なのだ、と。たとえば、物はなぜ落ちるのか。手を放して一秒後に、約四・九メートル落下した。なぜか。これらのことの十分な説明、すなわち、その十分な理由は、理論によって与えられる。あるいは、それは、理論そのものである。すなわち、それは $S=(1/2)gt^2$ だからである、と。

マッキーの言う「US条件」も、また、ダメットの言う「直近の因果」や「遠隔の因果」も、私たちのもつ理論に依存して成立する。それは、因果の議論において論じたとおりである。このことを、いまの議論の脈絡で捉え返せば、十分な理由とは、理論負荷的なのだ、理論そのものなのだ、ということにほかならない。

理論の多様性——科学理論、熟練知、経験知、信念

世界を満たす十分な理由は、理論に依存している、もしくは、理論そのものである。ただ、その理論とは、多様である。すなわち、ハンソンにおける原因概念の理論負荷性の議論をめぐって、先に批判的に論じた事柄（第2章第9節）が、目下の十分な理由に関しても、ほぼそのまま当てはまりうるのである。

すなわち、たしかにまずは、その理論とは、ラッセル、そして、ハンソンやダメットの因果論に見られたように、科学理論、とりわけ、自然科学的な理論である、と言いえよう。物の運動、電気や物の燃焼、また、ブレーキシステムや神経細胞の情報伝播等々に関して、その十分な理由を与えるものは、たしかに自然科学的な理論だろう。実際また、火災や追突事故等が生じた際、現場検証において、それが生じた十分な理由が求められるわけだが、その理由を

与え、発生した事柄を正確に再現してみせるのは、自然科学的な理論だろう。

しかし、そのような十分な理由の依存する、あるいは、十分な理由そのものである理論とは、やはり、必ずしも一般に科学理論である必要はないのである。それは、ビリヤードの達人が体得しているような、いわば熟練知であってもよい。ボールの動きに関する十分な理由は、この知によっても、科学理論に劣らず厳密かつ正確に与えられうる。達人は、ボールの動きを、このうえなくみごとに説明しうる。こうした熟練知の典型的なものの一つにはまた、日本における建築術などを挙げることができるかもしれない。たとえば、五重塔の建立の技などは、今なお西洋的な科学知を寄せ付けないとも聞く。そうであるとすれば、その技、つまり、その熟練知は西洋的な科学理論以上に、建築に関する十分な理由を把握し、提示しうるもの、もしくは、しえたものなのである。また、ここで西洋医学に対する東洋医学あるいは漢方治療といったものを、挙げることもできるかもしれない。聞くところによれば、漢方治療においては、陰陽、虚実、表裏、寒熱、気血水といった特有の枠組みのなかで、人体の状態が直感的に把握されるという。この把握の仕方は、西洋的な自然科学のそれとは根本的に異なる、一種の熟練知と言いうるだろうか。だが、またそれも、まちがいなく、そのつどの人体の状態を精緻に把握するものだろう。そうであるとすれば、それもまた、人体のそのつどの状態――なぜいまそのような状態であるのか――についての十分な理由をなすものだろう。

さらには、十分な理由をなす理論とはやはり、必ずしも科学者や熟達者たちが捉えるほどに、厳密である必要も完璧である必要もないのである。すなわち、私たちは総じて、それほど厳密かつ正確な理論をもっているわけではない。私たちのもっている理論（知識）とは、一般におおざっぱで不正確なものであり、ときに単なる経験知でしかない。また、その経験知にしても、その道の熟達者たちのように、精緻なものではなく、ごく大まかで漠然としたものであるにすぎない。にもかかわらず、そのつど、多くの場合、私たちは私たちにとっての十分な理由を把握し提示しえているのである。すなわち、私たちは、ブレーキシステムの内実をほとんど知らなくても、また、それぞれの素材の燃焼の特性などを知らなくても、また、衝突やそのつどの抵抗によるボールの動きの変化について、理論的にも経験的にも、およそ大ざっぱにしか了解していないにしても、そのつど、追突事故や火災やビリヤードのボールの動きについて、それなりに十分な理由を語り、了解することができる。むろんそれは、現場検証する警察官にとっては、およそ十分な理由ではない。しかし、だからといって、それが、私たちにとって十分な理由ではない、というわけではない。「脇見運転をしていて、気がついたときにはすでに急ブレーキをかけ、ハンドルを切っても、回避できない距離に前方の車があった」ということ、「電気のショートがあり、それによってコードが過熱し、それが次々と近くの可燃物に燃え移って火災となった」ということ、あるいは、「発熱を引き起こすかぜを引いた」ということ等々は、私たちにとって、追突事故や火災や発熱等が生じたことの十分な理由なのである。

このように見るならば、また、宗教的な信念や、場合によっていわゆる迷信の類などという、非常に広い意味での理論もまた、十分な理由でありえよう。たとえば、いまでもなお、「友引」の日には、通常葬式は行なわれない。なぜなら、その日にこれを行なえば、身近な誰かが死者にともに引かれていってしまうから、というわけである。この信念（理論）は、その日に葬式が行なわれないことの十分な理由である。また、一九六六年（昭和四一年）生まれの人口は、かなり少ない。一八〇万人ほどの出生が見込まれうるところ、一三六万人ほどにとどまる（二五％ほどの減）。その理由は、その年が「丙午《ひのえうま》」だからである。丙午生まれの女性は夫を食い殺す、という。その信念（理論）のゆえに、その年生まれの女性は、お嫁に行きにくい。それでは困るというので、その年は出産が控えられた。いまでは、こうした意識は、相当程度希薄になってはいよう。したがって、二〇二六年には、こういうことは起こらないのかもしれない。しかし、それは、一九六六年には間違いなく起こった。江戸時代などでは、その年生まれの女児が間引きされるなどということもあったという。そういうことが起こる十分な理由は、「丙午生まれの女性は云々」という、驚くべき信念である。世界はまた、こうした信念で満ちてもいる。

このように見るならば、十分な理由は、実に多様な広い意味での「理論」によって裏づけられつつ、まさに、多様な理論そのものとして成立している。そうした多様な十分な理由は、複雑に入り組みつつ、また、層をなして重なり合ってもいよう。たとえば、「友引」や「大安」、「仏滅」等にまつわる諸信念は、科学的な理論とは重なり合わず、両者はいわば住み分けられていよう。しかし、両者は、相当入り組んでもいよう。すなわち、おそらく比較的多くの人たちが、かの諸信念と科学的合理性との間で揺れ動き、両者間の葛藤を経験しよう。また、一九六六年に出産年齢であったかなりの人たちが、そのようであったろう。子供を産もうか、産むまいか、と。

あるいはまた、科学的理論や熟練知に関しては、そのエキスパートから、それらの心得がほとんどない人たちに至るまでにおいて、精緻で厳密であるものから、およそ雑ぱくなものに至るまで、実に多様な十分な理由が層をなして存立していよう。すなわち、たとえば、目の前のコンピュータは、このうえなく便利に機能する。そう機能するについては、十分な理由がある。その十分な理由は、コンピュータについての理論がどれだけ把握されているかによってさまざまであり、さまざまな理由が層をなして存立していよう。私などのような、そうした理論にほとんど無知なものにおいては、その理由とは、こんなものだろう。すなわち、コンピュータ理論に詳しい専門家たちが、このように便利に機能するように、コンピュータを作成したのだ、と。なんと皮相な。しかし、これもまた、コンピュータが便利に機能するということについての十分な理由であろう。

もとより、こうした十分な理由は、私にとっては「十分」であろうとも、一般的にはおよそ不十分であり、内容的におよそ粗末なものである。しかし、それは、先に言及した（第2章第9節）カントに即した表現によれば、「事実問題」なのである。換言すれば、「権利問題」としては、つまり、形式的には、こうした「不十分な理由」も、たしかに「十分な理由」なのである。

第2節　十分な理由――ライプニッツとの対比

ところで、「十分な理由（充足理由）」といえば、多くの人の念頭に浮かぶのはライプニッツの論議だろう。そうであるならば、その論議における「十分な理由」と、私たちがいま論じているそれとは、どういう関係にあるのだろうか。次に、この点に少々立ち入っておこう。

ライプニッツとの類似

まずは、『モナドロジー』の次の箇所を参照しよう。

これ［十分な理由の原理］によると、あることが、なぜそのようであって、別様ではないのかということを、十分に満たすに足る理由がなければ、どんな事実も真であるとか、あるいは、存在するとかということを、裏づけることはできないし、また、どんな言明も、正しいとすることはできない。そのように私たちは考える。（Leibniz, G. W., *Monadologie*, 1720, §32）

こうした論述は、私たちのこれまでの論議と相通ずるものだろう。たとえばあるとき、ある大きな柿の木に付いていた柿の実が、プツッと枝を離れて、ちょうど一秒ほど後に、五メートルほど下の地面にポンと落ちた。なぜ、そのように落下するのだろうかと考え、落下の法則（$S=(1/2)gt^2$）を思い浮かべる。それで、物は、その落下が妨げられることがない限り、一秒間でほぼ五メートル弱落ちるのだ、と納得する。ここにおいて、この落下についての十分な理由とは、まさにこの法則――力学の理論――にほかならない。

こうして、十分な理由とは、総じて、理論負荷的である、あるいは、理論そのもの――典型的には、こうした科学的な理論・法則――であるということが、これまでの私たちの議論であったわけが、それは、目下のライプニッツの論述と、うまい具合に重なり合う。すなわち、いま問題は、柿が、なぜ一秒ほどで地上まで落下したのであって、二秒も三秒もかからなかったのか、である。ついては、ライプニッツによれば、このことを「十分に満たすに足る理由」、つまり、それを十分に説明しうる理由がなければならない。その理由とは、私たちの議論によれば、いまの場合、落下の法則である。この法則によってこそ、ライプニッツの言うように、一秒で地上まで落下したという事実が真であるということ、そういう事実がまさに事実として存在するということが、裏づけられ、その言明が正しいものとされうる。

このように見るならば、ライプニッツもまた、少なくとも科学的な法則については、それが十分な理由であるということを、承認しよう。実際、ライプニッツの言う「十分な理由」と科学的な法則との密接な関連性は、ライプニッツが「十分な理由」の一つを「動力因」とよび（§36）、また、これを「運動の法則」と結びつける（§79）ということからも、見て取りえよう。

こうして、私たちの論じる十分な理由とライプニッツのそれとは、うまく適合しうる。むろん、私たちの考える理論とは、科学的な法則に限られるものではなく、非常に広い意味で解されたものである。すでにその点で、私たちとライプニッツとのズレが指摘されもしよう。しかし、とにかくも、ここまでの論議の限りでは、私たちの捉えるものと、ライプニッツのそれとは、合致しうると言うことができるだろう。

ライプニッツとの相違（1）——個別の理由と一般的な理由

だが他方、ライプニッツの論じる「十分な理由」と、私たちの論じるそれとの間には、もとより、根本的な相違が存している。

すなわち、ライプニッツの「十分な理由」とは、よく知られているように、多くのケースに一般的に適用されうるような十分な理由——総じて物は一秒間で五メートル程度落下するということについての十分な理由——ではないのである。そうではなくそれは、現にいまここで起こっている個別的な事柄そのものについての十分な理由である。しかもそれは、きわめて厳密に捉えられなければならないのである。

たとえば、いま、柿の実が枝から離れて、一秒間で正確に四・九メートル落下した。とすれば、その十分な理由とは、このことがいまここでなぜ起こったのか、ということに関して、完璧に説明するものでなければならない。すなわち、重力がいまここでどれくらいの力で、柿の形がどのようで、それに対する空気の抵抗がどれくらいで、風はどの方向にどのように吹いており、落ちるときの枝の動きはどのようなものであったのか。しかも、この説明はさらに、重力は、いまここでなぜそれだけの力なのか、なぜ柿の形はそのようなのか、なぜ、ここでの空気抵抗はそれくらいで、また、なぜいまここで風はそのように吹いているのか等々が、すべて、過去にまでさかのぼって説明されなければならないのである。そうであるならば、柿の形の問題一つを取り上げたとしても、宇宙の始まりにまでさかのぼらなければ、完結しないことになろう。それは、「はてしなく」広がる、「恐ろしく多様な自然の事物」を、ことごとく捉えようとするものなのである（§36）。

このようなものであることによって、この十分な理由は、いまここで起こっている、この個別的な事柄を、個別的な事柄のまま捉え、説明する。つまり、それは、なぜ、いまここで、そのことが起こったのか――なぜ、いまここで、その柿がそのように落下したのか――についての、完璧な理由づけなのである。

これに対して、私たちの言う「十分な理由」とは、それほど厳密である必要はないし、また、たとえ厳密なものであったとしても、そこにおいて私たちは、現に問題になっている事柄以外に関しては、その〈なぜ〉を問わないのである。

たとえば、私たちが、ある柿の落下に関して、時間と落下距離の関係をきわめて厳密に測定し、そして、柿がそのように落下したことについての十分な理由を厳密に求めようとしたとする。そうすると、その場合にも私たちは、その折の重力の値や、柿の形状、また、そのつどの空気抵抗の強さや、風の向き等々を、厳密に測定し、それに基づいて厳密な説明を試みよう。ただ、私たちの十分な理由においては、これで終わりなのである。すなわち、さらに、なぜ重力の値がこれこれなのか、なぜ柿の形状はこうこうなのか等々に関しては問わない。それは、重力の問題であり、また、柿の形の問題なのであって、柿の落下の問題ではない。私たちがいま問おうとしているのは、あくまでも、柿の落下の問題なのであって、それのみなのである。その限りで説明され、提示される十分な理由が、私たちにとっての十分な理由なのである。

そうであることにおいて、この十分な理由もたしかに、いまここで起こった、この柿の落下についての説明であり、理由である。しかし、それは、この落下が、なぜ、いまここで起こったのかを説明するものではない。というのも、同じ形状の柿が、同じ条件で落下したのであれば、それが、いつどこで起こったことなのだとしても、まったく同じ説明がなされるのだから、つまり、まったく同じ十分な理由が提示されるのだからである。それゆえに、この十分な理由とは、多くのケースに適用されうる一般的な十分な理由であり、この個別的な出来事を、まさにこの個別的な出来事として説明する、個別的な十分な理由ではない。

ライプニッツとの相違（2）——ライプニッツにおける目的因の重視

また、ライプニッツの「十分な理由」においては、「動力因」と並ぶ、もう一つ別の種類の「十分な理由」、すなわち、「目的因」が重視されるのである。

その「目的因」とは、物体の動きに関する「動力因」に対して、私たちの心の動き、もしくは、それに基づく私たちの振る舞いに関するものであり、これを十分に理由づけうるものである。すなわち、私たち人間の心の動き・振る舞いを十分に理由づける——つまり、その〈なぜ〉の問いに答える——ためには、目的というもの（「目的因」）が、重要な役割を担う。ビリヤードの場合なども、そもそも、なぜそれをやるのか、つまり、その目的が問題になるし、そのつどの競技においても、なぜ、そのようにボールを打つのか、その目的が、最重要事である。火災に関しても、その予防のため（目的）に、私たちは、火災報知器や、スプリンクラーを設置する。また、追突を避けるため（目的）に、急ブレーキをかける等々。

さらには、こうした十分な理由としての目的――目的因――は、私たちの個々の心の動き・振る舞いを説明し、理由づけるのみでなく、法律や制度、習慣等々もまた、いわば網の目のように張り巡らされた、こうした目的因――何のためにそれらが存するのかという、その目的――によってこそ成立し、また、説明されうる、と言いえよう。

これに対して通常は、物体の動きや変化に関しては、もとより、それを理由づけるために、目的といったものは、まったく考慮されない。突然地震があって、本棚ががたがたと揺れた。としても、通常私たちは、そこに目的がある――ある目的が、そうしたことの起こった理由である――とは考えない。地震は、何を目的に起こったのか。本棚は何を目的にがたがたと揺れたのか。こうした問いは、通常、ほとんどカテゴリーミステイクである。地震や本棚の揺れに目的はなく、それは自然法則（「動力因」）に則して、起こるがままに起こったわけである。ボールの動きや、電気のショート以後の火災のプロセスなどに関しても、まったく同様である。

こうして「目的因」とは、とにかくもまずは、総じて私たちの振る舞いや、それに関わるさまざまな事柄にとっての十分な理由として、重要なものである。これを、ライプニッツは重視するのである。

もとより、私たちもまた、このような「目的因」には、わずかながらも――「動力因」と特に区別することなく――言及してきた。火災の際の消火や、追突の際の急ブレーキなどにおいてである。

ただ、そうした私たちの論じる「目的因」と、ライプニッツのそれとは、やはり根本的に異なっているのである。というのも、ライプニッツの論じる「目的因」は、「動力因」の場合と同様に、ある私たちの振る舞い――ビリヤードをやる、火を消す、急ブレーキをかける等々――を、一般的に説明し、理由づけるものではないからである。そうではなく、それは、私が、いまここで、なぜ、何のために、手段としてビリヤードをやるのか、を説明し尽くすもの、それを完璧に理由づけるものでなければならないのである。

しかも、ライプニッツの「目的因」とは、実はまた、私たち人間の振る舞いや制度等にのみ関わるものではないのである。そうではなく、それはさらに、この世界に存し、また、出来する、すべての事柄にも関与する。すなわち、ライプニッツは、こう述べている。

> ［……］物事は、まさに自然を経て恩寵へと至る。たとえば、この地球は、精神の統治者［神］が要求する、そのときに、自然的な仕方で破壊され、また、復興されるのでなければならない。（§88）

これによれば、私たちの世界とは、ことごとく、「恩寵」の世界の実現という、究極目的を実現するための手段として存在している。いわゆる自然、つまり、通常ひたすら自然的な法則にしたがって運動し変化する物体もまた、例外ではない。それにもまた同時に、「目的因」が関与する。すなわち、いまここで、地震が起こり、本棚が揺れたということ、また、ボールどうしがそのように衝突し、それぞれのボールがそのように動くに至ったということ、電気のショートが起こり火災が発生したということ、追突事故が起こったということ等々に関しても、自然法則（「動力因」）のみならず、その十分な理由としての目的（「目的因」）が、ことごとく関与する。つまり、この世界で生じるあらゆる事柄には、必ず、目的があるのである。

こうして、ライプニッツによれば、私たちの振る舞いのみならず、この世界に起こるすべての事柄は、ことごとく、何かを目的になされ、また、起こっているのであり、したがって、「十分な理由」とは、この目的（「目的因」）をも包摂したものでなければならない。つまり、何を目的に、いまここで、この振る舞いがなされ、この事柄が生じているのかがまた、完璧に捉えられてはじめて、その「十分な理由」が、捉えられることになり、その振る舞いや事柄が、十分に説明されることになるのである。

ライプニッツとの相違（3）——神の立場と人間の立場

たしかに、そもそも完璧な「十分な理由」というものを求めようとするのならば、総じて、ライプニッツの論じるような目的因的な「十分な理由」が、不可欠だろう。というのも、いま、目の前をボールがころころと転がっているという、このことの理由は、たとえ、自然法則（「動力因」）に則して、宇宙のそもそもの始まりにまでさかのぼって、完璧に説明しえたとしても、なお、十分ではない、と思われるからである。つまり、では、宇宙の始まりからいまのこのボールの動きに至るまでの全体は、なぜ起こったのか、と私たちはさらになお、問いうるのである。この問いに答えるためには、究極目的によらざるをえないだろう。それは、これこれの究極目標を実現するためである、とすることによって、説明は完結しよう。

その他すべてが同様である。追突事故が起こった、火災が起こった、さらには、戦争が起こった、虐殺が起こった等々のことは、それまでの経緯が、どんなに詳細にたどられたとしても、そうしたことが、そのときそこでなぜ起こったのか、起こらなければならなかったのかは、依然不明である。その理由は、そうしたことが、いったい何のために――何を目的に――起こったのかが十全に把握されることによって、はじめて明らかになろう。

むろん、そうはいっても、それで完璧な「十分な理由」が与えられることになるのかというと、それはまた大いに問題的であろう。というのも、依然なお、なぜ、そこに設定されたもの――ライプニッツにおいては「恩寵」の世界の実現――が究極目的なのか、なぜ、究極目的などというものが存在するのか、さらには、なぜ、神は存在するのか等々の問いが、答えられないままに残されるからである。

しかし、とにかくもライプニッツは、こうして究極目的を設定し、そこに、おそらく神にしか捉えることができないであろう「十分な理由」を想定した。それは、神の立場に立った完璧な「十分な理由」である。それはまた、私たちの論じる十分な理由をも包摂した、その完璧な完成版である、と言うこともできよう。ただし、それは、あくまでも神の立場に立ったものである限り、私たち人間にとっては、あまりにも過大なものであろう。

実際私たち人間には答えることができない。火災や事故、戦争や虐殺、悲惨な経済状況等がいったい何を目的に起こったのか、また、起こっているのかという、あるいは、そもそも、そうしたことに目的などというものがありうるのだろうかという問いには。そうした問いに関しては、私たちは完全にブラインド状態である。私たちが見て取りうる目的とは、私たち人間の振る舞い、あるいはせいぜい、動物や植物の動きや振る舞いに関してのみである。

急ブレーキをかけた目的は、追突事故を避けることであり、燃えるカーテンの火を消したのは、火事になることを防ぐためである。動物が獲物を追いかけるのは、えさを確保するためであり、観葉植物の葉が太陽の方向を向くのは、できるだけ多量の日光を享受するためである。これが、私たちの捉えうるそれぞれの事柄の目的因的な理由である。

むろん、こうした理由に関してであれば、私たちは、さらに問い進めることができよう。たとえば、では、私たちが追突事故を避ける目的は、何なのか、と。そして、まずは、こう答ええよう。それは、自分や他人のけがや死、そして、自分や他人の自動車等の物品の損害を、避けることである、と。しかし、では、なぜ、そうしたことを避けるのか。それは、総じて不幸を避けるためであろう。では、なぜ不幸を避けるのか。不幸を避けることが、人間にとっての最終目的だからである。それでは、なぜ、それが人間にとっての最終目的なのか。だが、問いがここまで来れば、私たちは、もはや、それは、——人間の立場にとどまるならば——そうだからそうだ、としか言えないだろう。さらに、〈なぜ〉の問いに答えようとするならば、私たちはおそらく「動力因」に戻って、通常、自然科学的に説明しようとするのではないだろうか。たとえば、人間の身体が、これこれこういうメカニズムになっているからだ、と。これ以外の事柄に関しても、ほぼ同様の筋書きとなろう。

このように見るならば、それ自体きわめて限定的な「目的因」に関しても、ここでまたさらに、「動力因」と同様のことを、言いうる、あるいは、言わねばならないことになろう。すなわち、通常——私たちが、人間の立場にとどまる限り——私たちは、現に問題になっている事柄以外に関しては、その〈なぜ〉、〈何のために〉を問わないのだ、と。たとえば、急ブレーキをかけたということに関しては、もっぱら、そのことの〈なぜ〉が問われる。そして、それは、追突事故を避けるためであった、ということで、その「十分な理由」が了解される。それで終わりなのである。それ以上のこと——では、なぜ私たちは、追突事故を避けようとするのか、あるいは、なぜこの追突事故は起こったのか等々——は、まさに、そうした問題なのであって、急ブレーキをかけたということに直接関わる問題ではない。

したがって、それについては、問わない。たとえ、問うたとしても、その問いは、たちまち行き詰まり、それで終わるのである。そうした限りでの十分な理由は、「動力因」の場合と同じく、同様な事態が生じた場合、そのすべてに当てはまる一般的なものである。つまり、それは、追突事故が起こりそうになって、急ブレーキをかけたという事態に関しては、そのすべてに当てはまる一般的な十分な理由なのである。

いまや、ライプニッツの論じる「十分な理由」と、私たちのそれとの相違は明瞭だろう。すなわち、ライプニッツの提示する「十分な理由」とは、このうえなく完璧なそれである。それに比すれば、私たちがこれまでに論じてきた――基本的に、人間の立場からの――十分な理由とは、「動力因」をも含めて、あまりにも限定的で卑小であり、十分な理由というには、あまりにも不十分なものであろう。それは、せいぜい、ライプニッツの言う広大な「十分な理由」のうちの、取るに足らないような、ごくわずかのものであるにすぎない。

しかし、観点を変えるならば、こう言うこともできるのである。ライプニッツの言う「十分な理由」とは、私たちの論じる十分な理由というものの一つのタイプなのだ、と。すなわち、十分な理由というものは、理論負荷的である、と先に論じた。それは、つねに、何らかの広い意味での理論に依存し、それに基づいて成立するものなのであった。その点からすれば、ライプニッツの「十分な理由」もまた、ライプニッツ特有の哲学理論――つまり、あるタイプの理論――に基づいて、成立したものなのだ、ということである。

この意味では、ライプニッツの提示する「十分な理由」もまた、私たちの論じる十分な理由のうちに包摂され、その一部をなすものなのである。内包的（内容的）には、ライプニッツのそれがより大きいが、外延的（形式的）には、私たちのそれの方がより大きい、などとあるいは言いうるかもしれない。

私たちの論じる十分な理由

いずれにしても、私たちの論じる十分な理由とは、ライプニッツの論じるような「十分な理由」ではない。それは、ある意味で（つまり、外延的には）、ライプニッツのそれを包摂しつつも、基本的に私たち人間の立場にとどまる限りでの十分な理由である。そうである限り、それは、内容的（内包的）には、ごく限られた範囲での、ごく断片的なものである。

しかも、その十分な理由とは、あくまでも、物事を一般的に理由づけるものである。神であるならば、いざ知らず、私たち人間は、すでに見たように、物事の個別的な理由づけ——すなわち、そのことが、なぜ、いまここで起こるのか、あるいは、なぜ、そのものが、いまここに存在するのか、といった、個別的な物事の〈なぜ〉への返答——を与えることはできない。

あらためて考えてみるならば、そもそも私たち人間は、個別的な理由づけということにとどまらず、総じて、個別的な了解ということができないのである。たとえば、私たちは、目の前の「このコップ」を、端的にこの個別的なものとして了解することはできない。それは、いつでも「コップ」という一般的なものの一例としての「このもの」なのであり、したがって、私たちは、そのものを結局のところ「コップ」という一般的なものとして了解しているのである。こうした事情は、「コップ」という一般了解を、どんなに細かく種別化していったとしても、また、「このコップ」をどんな細かく特徴づけていったとしても、変わらない。結局それは、そういう特徴をもつ、あるタイプのコップという、一般的なものなのである。法則的な事柄も、まったく同様である。先のラッセルの表現を繰り返すならば、それは、「実際的な観点にしたがって隔離されたシステムの、もっとも単純化された実例であるにすぎない」のである。

こうして、私たちの了解とは、一般的なレベルにとどまるものである。このことは、先に挙げた、多様な、広い意味での理論に基づく、私たちのあらゆる了解に当てはまることであろう。そして、そうであるとするならば、ライプニッツの論じる、「十分な理由」に関する個別的な了解もまた、実のところ、個別的な了解ではなく、一般的な了解にとどまるものである、ということにならざるをえないように思われる。というのも、それは、神の立場からの了解であるとはいえ、結局のところそれも、ライプニッツという人間の了解なのだからである。また、たとえ百歩譲って、それが神の了解であるのだとしても、そもそもそれが「了解」である限り、一般的な了解であらざるをえないのではないだろうか。およそ一般性のない了解などというものは、存在しないだろう。たとえそれが神のものであろうとも、そうした一般性のない了解などというものは、そのつどその場の思いつきといった程度のものにすぎず、およそ「了解」することのできないものだろう。

しかし、それはともかくとして、私たちが論じ提示する十分な理由とは、このように見るならば、ごく限られた範囲での、ごく断片的なものであり、また、総じて、物事を一般的に理由づけるものである、ということである。

世界は十分な理由に満たされている

さて、これまでの議論をふり返りつつ、一点の確認をし、さらに一つの問題を見定めておきたい。

「十分な理由」と言えば、もっともしばしばライプニッツとの関連で論じられる概念である。それゆえに、これまでにおいて、ライプニッツの構想する「十分な理由」と、私たちの論じるそれとを、比較検討した。それによれば、ライプニッツの「十分な理由」とは、とにかくも、神の立場からの完璧なものであり、そのときその場の個別的な事柄のすべてについて、そのことが、まさにそのときその場で起こることを完璧に理由づけようとするものであった。それに対して、私たちの論じる十分な理由とは、基本的に人間の立場に立つ限りでのものであり、内容的には、物事を、個別的な仕方ではなく、一般的な仕方で理由づけ、説明するものである。

ただ、こうして、私たちの論じる十分な理由とは、たしかに、内容的に限定されたものである。しかし、ここで一点確認しておきたいことは、私たちの捉えうる十分な理由とは、そのように、きわめて限定的なものであるにもかかわらず、私たちは、私たちの世界は十分な理由で満たされている――この世界に起こることはすべて、十分に説明されうる――と考えている、ということである。

すでに述べたように、私たちは通常、すべては、原因によって必然的に引き起こされると考える。しかし、その考えは維持できないものであった。その真相は、実に、すべては十分な理由において生じる、ということなのであった。つまり、私たちは実は、こう考えているわけである。すなわち、この世界に生じるすべてのことには、十分な理由があるのだ――生じるすべての事柄は、その〈なぜ〉が説明されうるのだ――と。

このような私たちの了解によれば、私たちの世界とは、くまなく十分な理由によって満たされている十分な理由の世界なのである。私たちがまさにこう了解しているからこそ、ライプニッツのような議論も登場するわけである。

ところで、このようにして私たちが、世界は十分な理由によって満たされていると了解しているのだとすると、ここに大きな問題が浮上しうるのである。というのも、もし世界がそのようであるのならば、私たちの自由というものの存立余地が、再びなくなってしまうことになりうるからである。この大きな問題については、章を改めて論じよう。

第４章　十分な理由の不在としての自由

——カント、シェリングの問いかけ

世界は十分な理由に満たされている。あらゆる事柄に関して――実際にはともかく、原理的に――十分な理由が成り立ち、完全な理由づけ・説明づけが可能である。私たちは間違いなく、そのように考えているのではないだろうか。しかし、そうなのだとすると、一切が、そして私たちの一つ一つの振る舞いもまた、原理的には、ことごとく、一般的に了解可能であることになってしまうのである。

たしかに、ライプニッツのような構想によれば、完璧な理由づけ・説明づけといったものが、神によって可能であり、その限りそれは、必ずしも一般的な了解なのではなく、むしろ端的に個別的な了解なのだ、ということにもなりえよう。しかし、すでに言及したように、それも一つの了解、つまり、まさに、理由づけ・説明づけなのである限り、それもやはり、ある一般的な了解であらざるをえないのではないか。恩寵や摂理といったものも、それが、支離滅裂なものではなく、十分な理由をもつものである限り――たとえそれが、私たち人間にとっては、完全にベールの向こう側の把握不能なものであるのだとしても――それ自体としては、やはり一般的に了解できるものでなければならないのではないか。

そうであるのだとすれば、あらゆる事柄に関して、十分な理由が成り立つということ、つまり、完全な理由づけ・説明づけが可能だということは、やはり、あらゆる事柄が、原理的には一般的に了解可能だということである。

そして、そのことの意味することは、そうであるならば、あらゆる事柄が、そして、私たちの振る舞いもまた、原理的にはことごとく、一般的に了解できる、つまり、一般性に解消する、ということなのである。換言すれば、そこにおいては、いわば一般性を突き抜けるような、とりわけ私たちのあり方や振る舞い――総じて私たちの了解を寄せつけない個別性・個性（特有性）――といったものは、原理的には、存在しないのだ、ということである。

そうなのだとすれば、そこにはまた、私たちの自由も存さない、ということになろう。というのも、ある状況においては私たちは、一般的にこれこれこのように振る舞うものなのだ、というように、私たちの振る舞いが、一般的に了解されるのだとすれば、私たちは自由に振る舞っているとは言えないからである。そこにおいては私たちは、ある一般的なあり方に応じて振る舞っているというだけである。それは、一般的なあり方への全面的な依存、あるいは、従属なのであって、その振る舞いは、およそ自由なものとは言えない。自由な振る舞いとは、やはり、自分自らの個性・特有性に基づくものでなければならないだろう。

こうして、もし、私たちがそう考えるように、世界が完全に十分な理由によって満たされているのであれば、すべてが、一般性に解消してしまうことになり、私たちの個性・特有性、そして、自由というものの存立する余地がなくなってしまうのである。

第1節　自由の確保の試み——カント

さて、そのようにして、自由というものの存立する余地が、もし、なくなってしまうということであるならば、話は大きく逆転し、振り出しに戻ってしまうこととなろう。というのも、そもそもの私たちの議論の出発点は、こうだったからである。すなわち、もし、私たちがそう了解しているように、世界が因果関係において成り立っているのだとすると、私たちの自由というものが成立しないことになってしまうのではないか、したがって、私たちの因果了解が、根本的に捉え返されなければならないのではないか、と。こうして、私たちの因果了解についての、抜本的に批判的検討が始まったわけである。

ところが、いま私たちは、再び、その振り出しに戻ってしまっているのではないか。やはり、私たちの自由は成立しないのではないか、と。

カントの第三アンチノミー

振り返るならば、実はこの出発点においては、カントの有名な第三アンチノミーの問題があったのである。すなわち、この第三アンチノミーとは、因果関係（因果性）と私たちの自由とが両立不可能であるということ——因果関係（因果性）が成立するのであれば、私たちの自由は不成立であるということ——を、このうえなく明確な形で定式化したものである。これを、ここであらためて再現しておくならば、こうである。

正命題

自然の諸法則に従う因果性が、総じて世界の諸現象が導出されうる唯一の因果性ではない。世界の諸現象を説明するためには、さらに、自由による因果性を想定する必要がある。（*Kritik der reinen Vernunft*, B472）

反対命題

自由なるものは存在せず、世界におけるすべては、もっぱら自然の諸法則に従って生起する。（B473）

前者、「正命題」によれば、いわゆる原因・結果の関係性（「自然法則に従う因果性」）によって、世界のすべての事柄が成立する——「総じて世界の諸現象が導出されうる」——というわけではない。そうではなく、世界の事柄が成立するについては、この因果性に従うことのない、私たちの自由な振る舞いが、つまり、カントによれば、「自由による因果性」が関与する、と見なされなければならない。

これに対して、後者、「反対命題」によれば、私たちが自由であるなどということは、私たちの単なる思いこみであり、思い違いである。「自由なるものは存在せず、世界におけるすべては」、自然法則に基づく因果の関係性（いわゆる「因果性」）によって生起するのだ、という。

この両命題、すなわち、「自由」を認める「正命題」と、これを認めず、すべてが自然法則に基づく因果の関係性であるとする「反対命題」とは、両立不可能である。というのも、この両命題は、次のような関係にあるからである。すなわち、もし「自由」（「自由の因果性」）が存するのだとすれば、「自然の諸法則に従う因果性」（いわゆる因果の関係性）は、破れてしまう。つまり、「正命題」が成立するのであれば、「反対命題」は成立しない。逆に、すべてが、自然法則的な因果の関係性に従って生起するのであれば、およそ自由の存する余地はない。つまり、「反対命題」が成立するのであれば、「正命題」は成立しないのである。

したがって、この両命題が両立するということはない。私たちは、このどちらかを認めて、どちらかを捨てるのでなければならない。ところが、はたして、どちらを取って、どちらを捨てるのか、つまり、自由を認めるのか、それとも、これを認めず、すべてを自然法則的な原因・結果の関係性へと解消してしまうのか、については、私たちは断を下すことができない。その結果、両論併記ということにせざるをえない。

これが、目下の「アンチノミー」（「二律背反」）――つまり、この両立しえない両論に裁断を下すことができず、両論を併記するということ――である。

カントによるアンチノミーの解決（1）――叡知界と感性界

カントは、この「アンチノミー」に断を下そうとした。ただし、それは、かの両論のうちのどちらかを取って、どちらかを捨てる、というものではなかった。そうではなく、この両論のいずれをも認めよう、というものであった。すなわち、カントは一方で、私たちは自由であるということを、認める。しかし他方でまた、私たちの世界は、自然法則的な因果関係に完全に従っているのだ、と考えようともするのである。だが、このような、一般に両立しえないと考えられるものの両立は、どのようにして可能なのか。

ここにカントが、展開してみせた論議が、かの「感性界（mundus sensibilis, Sinnenwelt）」（B312, u.a.）と「叡知界（mundus intelligibilis, intelligibele Welt, Verstandeswelt）」（ibid.）との二世界論であった。この両世界をめぐる、カントの根幹的な議論に立ち入ることは、いまはできないが、この両世界の根本的な性格を、ある意味で端的に述べたのが、有名な次の一文である。

したがって私は、信仰の場を確保するために、知を廃棄しなければならなかった。（B XXX）

カントはここで、「信仰の場を確保する」と言うわけだが、その確保された「信仰の場」が、「叡知界」である。ここにおいては、知、つまり、さまざまな経験的な知識は、完全に廃棄されている。つまり、その世界――もしくは、その世界に存すると想定されるもの、神――について、私たちは、経験的に何も知ることはできない。すなわち、私たちは経験を積めば、信仰・祈りの対象である神なるものについて、何事かを知りうるかと言えば、決してそうではない。それは、私たちの知の決して及ばぬものであり、私たちの知を絶対的に超越したものである。それゆえにこそ私たちは、それをひたすら信仰し、それに祈る。「叡知界」とは、そうした超越したものの場である。

これに対して、「感性界」とは、知の世界、つまり、それについて私たちが、まさに経験的に知りうる世界である。それは、私たちがそのうちに住む、三次元空間の世界、刻々時間が経過する世界であり、私たちは、この世界のうちで、車を運転し、そこそこ脇見をし、ときに事故を起こす。また、電気ストーブ等で部屋を暖め、たばこを吸い、天ぷらを揚げ、ときに火災を起こす。あるいはまた、ビリヤードを楽しみ、ビリヤードボールがころころと転がり、それが首尾よく止まって、喜ぶ。このようなこの世界で起こるさまざまな事柄について、私たちは、それを理解することができる、つまり、どうしてそういうことが起こるのかを、知りうる。「感性界」とは、このような知の世界であり、私たちがそこで起こることを経験的に、理解することのできる世界である。

カントは、このような性格の異なる二つの「世界」を設定することができると考えた。まさに、この設定の作業が、かの難解で分厚い『純粋理性批判』の著述であったわけである。

カントによるアンチノミーの解決（2）――自由と因果性の振り分け

さて、こうして「叡知界」と「感性界」という二世界が設定されるわけだが、そうであるとすれば、すでにここに、カントによって下されようとする、かの「アンチノミー」への裁断が、どのようなものであるのかは、ほぼ見通されよう。すなわち、カントは、私たち人間の自由と、自然法則的な原因・結果の関係性とを、それぞれ、「叡知界」と「感性界」とに振り分けようとするのである。

もとより、私たち人間は、「感性界」の住人である。つまり私たちは、時空間のうちで生活し、さまざまな経験を積んで、種々の知識を獲得し、それを駆使し、快適に、幸せに生きようとする。ここにおいては、他の人々も、また、自分自身も、例外なくそうした知識のうちに組み込まれ、誰もが、その知識に基づいて行動し、また、他の人々を行動させようとする。カントによれば、こうした知識とは、自然法則的な因果の知識にほかならない。また、「感性界」とは総じて、まさに、こうした知識によって知られる、自然法則的な因果の世界なのである。

こうした「感性界」の住人である限り、私たち人間もまた、自由であるということはない。私たち人間も、徹頭徹尾、自然法則的な原因・結果の関係性によって貫かれているのである。

だが他方、私たち人間は、同時に「叡知界」の住人でもあるのである。「叡知界」とは、私たちの経験的な知識のおよそ及ばない世界、すなわち、自然法則的な因果関係とは無縁な信仰の世界である。それは、カントによれば、また、道徳の世界でもある。こうした世界の住人である限りにおいて、私たち人間は自由なのである。ここにおいて、私たちは、自然法則的な因果関係の支配する「感性界」——自らの快楽を追い求める欲望の世界——を脱却し、本来の自分自身に基づいて、自由に（道徳的に）振る舞うことができる、というのである。

このようにしてカントは、「感性界」と「叡知界」という二つの世界を構想し、自然法則的な因果性と私たちの自由とを、この二つの世界に振り分けることによって、かのアンチノミーの解消を図った。それによれば、私たちが

――快楽・幸福を求めて――日々生活を営む、この三次元空間の時間的世界、つまり、「感性界」は、徹頭徹尾、自然法則的な因果性の支配する世界である。この世界においては、私たちも、この因果性に貫かれており、したがって、自由に振る舞うということはおよそできない。しかし、私たちは、もう一つの世界である「叡知界」においては、「感性界」のいかなる秩序にも関わることなく、あらゆる外的な制約から解放されて、自由に（道徳的に）振る舞うことができるのである。

そうであることにおいて、私たちの自由と、自然法則的な因果性とは、もはや「アンチノミー」、つまり、両立しえない両論を構成することはない。この両者は、実に、両立しうるのだから。こう、カントは論じるわけである。

カントによるアンチノミーの解決（3）――議論の不首尾

しかし、カントのこうした議論が成立しないことは、すでに明らかだろう。というのも、私たちが振る舞うのは、いついかなる場合であろうとも、この時間的な三次元空間の世界、つまり、私たちが日々生活をする「感性界」なのだからである。

この世界とは、カントによれば、徹頭徹尾、自然法則的な因果性の世界である。しかも、カントにおいて、この因果性とは、先に論じたように、時間的に先立つ原因が、後続する結果を必然的に引き起こすという、そういう関係性である。そうであるのだとすれば、「感性界」においては、そこで起こるすべてのことが、すでに先立つ原因によって、決定されてしまっているわけである。むろん、私たちの振る舞いも、その例外ではない。ここにおいては、強調して言うならば、私たちの一挙手一投足もまた、すでに宇宙の始まりにおいて決まってしまっているのである。

そうであるとするならば、もう一つの世界である「叡知界」において、私たちが自由だ、ということに、どれだけの意味があるのだろうか。私たちが、叡知ある存在として、いかに自由で、道徳的で、神的であろうとも、実際に私たちが振る舞うのは、「感性界」である。しかし、ここにはおよそ自由なるものが存する余地がないのである。私たちが、叡知あるものとして、頭の中で、どんなに自由であるのだとしても、実際に振る舞えないのだとすれば、それは、自由であるとは言えない。それは単に、自由という絵に描いた餅であるにすぎない。

こうして、自由の世界（「叡知界」）と自然因果の世界（「感性界」）という二つの世界を構想したとしても、この両者の両立が図れる、というわけにはいかない。やはり、依然としてアンチノミーはアンチノミーのままに残る。私たちが自由であるとすれば、自然因果には、破れがあることにならざるをえない。また、自然因果に破れがなく、私たちの世界がこれに徹頭徹尾貫かれているのだとすれば、私たちに自由はない。

カントのアンチノミー解消のもくろみは、こうして、不首尾に終わった、と言わざるをえないだろう。

第2節　自由の確立——シェリングを見据えて

だが、それでは、このアンチノミーは、どのようにして解決することができるのだろうか。つまり、私たちは、通常たしかに、こう考えているのである。すなわち、一方で、カントの言うような自然法則的な原因・結果の必然的な関係性が、私たちの世界を貫いている、と。しかし、他方で、私たち自身は、まちがいなく自由である、と。私たちは、この私たちの、両立不可能な二つの了解に、どのようにして折り合いを付けることができるのだろうか。

この問題こそが実は、これまでの長い私たちの議論の出発点であったのである。このアンチノミーをどのように解決するのか。

私たちの解決の試み

そこで、私たちがまずもって提起した観点が、原因・結果の関係性というものを、抜本的に捉え返してみよう、というものであった。時間的に先行する原因が、必然的に、後続する結果を引き起こすのであれば、自由の成立する余地はない。ところが、私たちは自由なのだ、とすれば、原因・結果の関係性についての私たちの了解が、根本的に間違っているのではないのか、というわけである。

それで、いまや、私たちが到達し、手にした知見が、原因・結果という関係性とは、実は、十分な理由と帰結という関係性なのだ、ということである。これによって、この世界に生じることが、それに先立つ事柄（原因）によって、必然的に引き起こされる、という了解は維持できない、ということが明らかになった。原因とは、本当は結果と同時成立なのであり、そうであることにおいて、それは、十分な理由と見なされるべきものなのだ、と。

これによって、かのアンチノミーは、解決されるのではないか。この解決こそが、当初の問題関心という観点からするならば、私たちの見通しであり、また、もくろみであった。

その点で、いまや、こう言うことができそうなのである。つまり、この世界の物事は、総じて、原因によって引き起こされるのではない。そうなのではなく、実は、世界の物事は、十分な理由において生じるのである。そうであるならば、私たちは同時に自由であることができる。なぜなら、この場合には、この世界に生じる物事が、時間的に先立つ事柄（原因）によって、必然的に決定される、ということがないからである。どういう物事が生じるかは、そのつどそのつど成立する十分な理由によって、決定される。ここにおいては、私たちの振る舞いが、あらかじめ決定されているということはない。それゆえに、私たちは、自由でありうるのである。こうして、いまや、かのアンチノミーは解決されうる。原因（因果性）と自由とは両立しないが、しかし、原因（因果性）の真相である十分な理由（十分な理由と帰結との関係性）と自由とは、両立しうるのだ、と。

この間私たちはまた、十分な理由とは、決して、単に自然科学的な法則であるにとどまらず、私たちの多様なレベルの多様な了解の仕方――きわめて広い意味での理論――でもありうる、とも論じた。

ところが、十分な理由という知見に私たちが到達し、その内実を論じ終えたいま、依然として、このアンチノミーの脅威に私たちはさらされたままであることが、露わになったのである。すなわち、すでに言及したように、もし、この世界に生じる事柄には、必ず十分な理由が存しているのだとするならば、つまり、この世界が、十分な理由によって、完全に満たされているのだとするならば、結局私たちは、自由であることなどできないのではないか、と。

そうであるのだとするならば、原因から十分な理由へと、いわば世界観を転換してみても、依然として、私たちの自由の存立する余地は、確保できないままであることになろう。そして、私たちは再び、こう問わなければならないこととなろう。すなわち、「十分な理由」という私たちの了解の仕方そのものにも、やはり何らかの根本的な欠陥があるのではないか、と。ここに、私たちは、まさしく、議論を出発点へと差し戻されることとなったのである。

十分な理由と自由との両立

しかし、実は、必ずしもそうではないのである。実は、ここにおいて、私たちのもくろみは果たされうるのである。その点で、まず、私たちがあらためて確認しておくべきことは、十分な理由が存しているとしても、私たちは自由でありうるということ、すなわち、十分な理由と自由とは、両立しうる、ということである。

火災の例によるならば、電気のショートがあって、コードが高熱化し、近くの紙が燃え、カーテンが燃え、そして、家屋が燃えるに至った。このプロセスを、もし、因果関係として捉えるとすると、この間に、私たちがこの火災を阻止するということは、できないということにならざるをえない。なぜなら、このプロセスは、原因・結果の連鎖として、必然的に、つまり、それ以外ではありえないという仕方で、進行するのだからである。これは、不思議な話である。私たちが、途中で、カーテンが燃えているのを発見しても、そして、近くに水や消火器があったとしても、何もできない、というのだから。

しかし、このプロセスが、十分な理由のもとにそのつど進行する、ということであれば、この不思議さ、不可解さは解消する。すなわち、そうであれば、何の問題もなく、私たちは、カーテンの火を、水や消火器で端的に消すことができるわけなのである。というのも、この場合には、すでに言及したように、あらかじめには何も決まっていないのだから。そうしたなかで、私たちは、十分な水や十分な消火剤を火にかけるのである。まさにそのことが、火が消えることの十分な理由となり、この十分な理由によって、火は確かに（必然的に）消えるのである。

カントの道徳概念に従うならば、もとより、私たちはその火を消さなければならない。いま燃えようとしている家が、たとえ、このうえなく憎い人物の家だったとしても、やはり、その火を消すことが道徳的なことである。その家が燃えてしまえばどんなに快いことか、という悪魔のささやきを振り切って消火すること、このことこそが、道徳であり、この振る舞いこそが自由な振る舞いである。ゆえに火に十分な水をかける。すると、この自由な振る舞いが十分な理由を構成することにおいて、物事のあり方を決定する。つまり、必然的に火は消える。

こうして、十分な理由およびそのもとでの必然性と私たちの自由とは、問題なく両立する。すなわち、私たちの自由が、十分な理由の一部をなすのであり、それによって、物事は必然的に生起するのである。

ここに、カントのアンチノミー——私たちの自由と物事の必然的な生起という、両立不可能な二つの事柄の並立——は、解消するのである。

十分な理由の不在としての自由

次に、私たちが確認しておかなければならないことは、それでは「自由」とは、いったい何なのか、ということである。

まずは、カントだが、彼において「自由」とは、すでに述べたように、端的に「道徳的であること」である。だが、それは、もとより問題的なのである。というのも、もし「自由である」とは「道徳的であること」であるとすると、それは、私たち一人一人の個性・特有性によるものではなく、「道徳性」という一般性に基づくものとなってしまうからである。たとえ憎い人の家であっても、その家の火災は阻止すること、このことは、このうえなく一般的、もしくは、普遍的な決まりである、と言いえよう。そうであるならば、この場合、私たちの「自由な」振る舞いというものは、完全に一般的に了解され、説明されてしまうことになろう。あの人が火を消したのは、そうすることが一般に道徳的なのだからである、と。

むろんたしかに「自由」とは、カントにおいては、「叡知界」に属する事柄であり、したがって、その限り、「自由な」振る舞いもまた、神、もしくは、神の振る舞いと同様に、私たちの「知」の及ばぬもの——了解され、説明されることのないもの——である。しかし、ここで言う「知」とは、もっぱら経験を積むことによって獲得されうる知を意味しているのである。それゆえに、私たちの「自由な」（道徳的な）振る舞いが「知」の及ばぬものであるとは、それが、決して経験を積むことによって知られ、遂行可能になるといったものではない、ということである。そして、その含意は、「道徳」とは、経験を積むことなく（アプリオリに）、端的に知られ、説明され、遂行されうる、ということなのである。

たとえば、もし、ある人が、真に「自由に」、真に「道徳的に」振る舞った、とする。つまり、そうすることが端的に道徳的であるという理由で、その人が、その家屋火災を未然に防いだ、とする。そうであるとすると、その振る舞いは、まさに端的に、道徳的なのである。つまり、その振る舞いが道徳的であるということは、経験を積むことによって知られうるわけではない。そうではなく、そのことは、およそ自明なこととして、誰にでも分かることなのであり、その振る舞いは、その道徳性において、およそ誰に対してでも十分に説明され、理由づけられうるのである。

このようにして、カントの言う「自由な」振る舞いとは、たしかに、経験的な「知」のおよそ関わりえないものである。しかし、にもかかわらず、それは、このうえなく十分に説明され、理由づけられうるものなのである。その限り、それは、完全に一般性（普遍性）へと解消するのである。

だが、こうした「自由」の概念に対しては、すでにシェリングやヘーゲルが異を唱えていた。そうした「自由」とは、「道徳」への服従なのであって、「自由」だとは言えないのではないか、とヘーゲルは論じた（Hegel, G. W. F., "Der Geist des Christentums und sein Schicksal", in *Werke in zwanzig Bänden*, Frankfurt am Main, Bd. 1, 1971, S.321ff. u.a.）。また、シェリングによれば、こうである。すなわち、自由とは、決して、善であること、道徳的に振る舞うことではない。そうではなく、それは、善でも悪でもありうること——「善と悪との能力」（Schelling, F. W. J. v., "Philosophische Untersuchungen über das Wesen der menschlichen Freiheit und die damit zusammenhängenden Gegenstände", in *F. W. J. v. Schellings sämmtliche Werke*, hrsg. v. K. F. A. Schelling, stuttgart, Augusburg, Bd. 7, 1860, S.352）——である、と。憎い人物の家であっても、その火災を阻止することこそが自由である、というわけではない。そうではなく、私たちは、それを阻止することもしないこともできる。憎しみゆえに、火災になるがままに放置しておくこともできる。これこそが、私たちの自由なのだ、と。

目下の議論において、私たちが考えようとしているのは、こうしたシェリングの言う方向での「自由」である。すなわち、それは、一般性に解消しないということ、十分に説明されえないということ（十分な理由の不在）において成立する、と見なされうる限りのものである。

具体化しよう。たとえば、私たちが、内心大いに揺れ動いた末、火災を消し止めた、とする。その場合、たしかに、その振る舞いは、十分説明可能である。すなわち、私たちはそのとき、そうするべきだと思ったから、それが人間のなすべきことだと思ったからだ、というように。その限り、たしかにそれは、一般性に、つまり、十分な理由へと解消している。また、私たちが同様の状況に再び遭遇したとき、今度は、家が燃えるがままに任せたとする。むろん、その場合にも、十分な説明は可能である。すなわち、今度は、憎しみが勝ったのだ、と。このように、たしかに私たちの振る舞いは、どのような場合でも十分に説明可能であり、したがって、一般性へと解消している。

だが、それでは、なぜ、前回は道徳心が勝って、今回は憎しみが勝ったのか。こう問うたらどうだろうか。私たちは、この問いに対して、答えることができないのではないだろうか。つまり、その際私たちは、何らかの一般性に依拠して振る舞ったのではないのではないだろうか。そうではなく、私たちはまさに、私たち自身において、私たちの個性・特有性において、善をなすことも、悪をなすこともできるもの（「善と悪との能力」）として振る舞ったのではないだろうか。そうであることにおいてこそ、私たちは自由なのではないだろうか。

こうして、善をなすか、悪をなすかは、私たちの自由なのである。その意味は、私たちが、このどちらをなすかについては、およそ説明がつかない、つまり、一般的に了解することはできない、十分な理由に解消してしまうことはない（十分な理由の不在）、ということなのである。

実際また、このようなそのつどの振る舞いにこそ、振る舞う当人の「人となり」、つまり、その人の個性・特有性が、現われよう。すなわち、そのようにして大いに内面が揺れ、あるときは善を行ない、またあるときは、悪を行なう。これこそが、この振る舞いをしたその人の「人となり」にほかなるまい。こうした振る舞いこそが、ほかの何ものでもない、私たち自身の振る舞いであり、したがって、私たちの自由な振る舞いであろう。

それは、もとより、カントの言う「叡知界」の住人の振る舞いでない。そうではなくむしろそれは、どろどろとした人間くささが渦巻くような情念と葛藤のただなかに住む人間の振る舞いである。しかし、こうした振る舞いも、決して経験的な知で把握できないもの、つまり、一般性に解消しないものではあろう。したがって、もっぱらその限りにおいて、それは、経験的な知の世界である「感性界」とは異なる世界に住む私たち人間の振る舞いであると言うことはできよう。もっぱらこの意味で——つまり、内容的にではなく、いわば構造的に——私たちの言う、このシェリング的な自由な振る舞いは、「叡知界」の住人の振る舞いである、と言うことはできよう。

十分な理由に関する了解の修正

さて、いまや、懸案の問題に答えるべきだろう。すなわち、もし、世界が十分な理由で満たされているのだとするならば、私たちから自由が奪われてしまう。それゆえに、因果性という了解の仕方が抜本的に捉え返されなければならなかったのと同様に、十分な理由という了解形態も、抜本的に捉え返されなければならないのかどうか、という問題である。

その答えは、その抜本的な捉え返しは不要だ、ということである。十分な理由という私たちの了解形態は、問題なく成立する。ただし、これが、完璧に私たちの世界を満たしているのだとすると、たしかに、私たちの自由というのは成立しなくなってしまう。そこで、この了解形態に関しては、部分的な修正が必要なのである。

では、その部分的な修正とは、何か。それは、こういうことである。すなわち、世界は、たしかに十分な理由で満たされている。すべて生じたことは、十分に説明され、理由づけられる。しかし、世界は、完璧に十分な理由で埋め尽くされている、というわけではない。つまり、例外なく、およそ一切が十分に理由づけられるというわけではない。そこには、例外があるのだ、と。

その例外とは、とりわけ、私たち人間であり、私たち人間の振る舞いである。私たちの振る舞いとは、とにかくも際立った例外事項なのである。それは、十分な理由に満たされたこの世界にあって、十分な理由が不在である、その欠落点なのである。

私たち人間、あるいは、私たち人間の振る舞いとは、まさにこうした十分な理由の不在という欠落点であることにおいて、自由なのである。そして、こうした私たちの自由な振る舞いは、十分な理由で満ちているこの世界のうちに立派に存在しうる。つまりそれは、この世界を満たす十分な理由と両立しうるのである。

いましがた論じたように、このような十分な理由の不在において成立する、私たちの自由な振る舞いが、一つの要因として十分な理由を構成する。そして、世界の物事は、そのつど、この自由と一体となった十分な理由において、(必然的に)生起する。

ここで、あえてまた、かのカントの構図を引き合いに出すならば、私たちは、こうして、一方で、一切の知識(十分な理由)が遮断された世界(「叡知界」)――十分な理由の不在の世界――の住人であり、その限り、自由である。しかし、私たちは他方、もう一つの世界(「感性界」)の住人でもある。この世界においては、物事はすべて、十分に説明され、理由づけられる。こうしたこの世界で私たちは、この世界における十分な理由とつねに一体になりつつ、私たち自身としては、十分な理由(一般性)に解消することなく、自由に振る舞い、日々生活するのである。

第3節　自由であるとは、どういうことか

こうして私たちの世界とは、十分な理由に満たされた世界である。そして、私たちは、十分な理由に満たされたこ

の世界のただなかにおいて、十分な理由の不在という欠落点として、自由に振る舞う存在である。十分な理由に満たされた世界と、十分な理由の不在という欠落点としての私たちの自由とは、両立する。

こうした両立する両者に関して、これまでの私たちの議論は、その大部分が、その前者、すなわち、十分な理由の世界の確立に、向けられてきた。私たちの世界とは、因果必然性の世界ではなく、十分な理由の世界なのだ、と。そして、いまや、この議論が一段落した。そこで、次に、両立する両者のうちの後者、すなわち、私たちの自由に関して、さらに少々議論を展開しておこう。というのも、これまでの私たちの議論とは、まさに、私たちの自由というものを保証するための議論であったのだからである。その保証がおそらく得られたいま、以後の議論を、自由の哲学を確立するための糸口としよう。

私たちは現に自由である

まずは、私たちの自由の内実を論じる前に、私たちは、本当に自由であると言いうるのか、という問いに答えておこう。というのも、これまでに私たちは、もとより自由であるということを、ほとんど議論せずに、前提してきたからである。これに対して、こうした問いが立てられるということは、大いにありうることであろう。私たちにおいては、十分な理由が不在であり、そうであることにおいて私たちは自由だ、という。しかし、本当は、私たちもまた、十分な理由のうちへと取り込まれてしまっているのではないか。私たちの振る舞いも、結局のところ一般性に解消してしまっているのであり、本当の意味での個性・特有性などというものは、私たちにはないのではないか。つまるところ、私たちが自由であるなどということはないのではないのか、と。

こうした問いに、私たちは、どう答えうるのだろうか。それはたしかに難しい課題ではあろう。しかし、あらためていま、端的にこう答えていいように思われる。すなわち、私たちは、とにかくも、現に自由に振る舞っているのだ、と。

これについては、本書の冒頭で若干述べた。いまはその敷衍ということだが、つまり、私たち人間は、犯罪を、罪を、犯すのである。この世界には、悲しいかな、犯罪が、罪が、存在する。ということは、とりもなおさず、私たち人間は、自由なのだ、ということにほかならない。というのも、もし、私たち人間が自由でないのだとするならば、つまり、私たちの振る舞いが、私たちにとっての外的な（一般的な）要因に全面的に依存してしまっているのだとするのならば、犯罪は成立しない。その場合には、私たちがどんなに犯罪的な振る舞いをしようとも、それは私たちのせいではないのだから。誰が何をやろうとも、それは、その人のせいではなく、その人にとっての外的な（一般的な）要因のせいなのだから。

こうした事情は、たとえ神が存在したとしても同様だろう。たとえ神がいたとしても、私たち人間は、罪を犯す。だとすれば、それは、やはり私たちが現に自由だからであろう。もし自由ではないのだとすれば、私たちが何をやろうとも、それは、やはり神の責任であらざるをえないだろう。

さらに、近代の自然科学に目を向ければ、それは、生命や精神の世界に深く入り込み、生命や精神の営みを、徹底してメカニックに解明しようとする。その行き着く先は、私たち人間を、自己再生産的な精密機械として仕立て上げるということであるようにも見える。だが、そうだとすると、犯罪などというものは、ありえないことになろう。ある人が殺人ということを行なった。とすれば、それはいまや単に、その人（殺人者）を構成するある部品に不具合があったからである、ということになろう。したがって、その部品を交換すればそれでいい。その際に適当な部品が見つからないということであれば、見つかるまでその人を拘束しておけばいい。それで、その人が不満を抱くのだとすれば、不満を抱かないように部品を調整しておけばいい……。ＳＦめいた話だが、それでは、こうした部品交換やその調整、管理などは誰がどうやるのか。あるいは、すべてが機械なのだから、そうしたことも含めてすべてが、整然と機械的に執り行なわれていくのか。殺伐とした空恐ろしい世界。だが、いずれにしても、ここにおいては、ある人が犯罪を犯す、といった了解は存さないだろう。悪いのは、およそ「人」なのではなく、部品であり、その調整の仕方なのである。ここには、犯罪は存在しない。とにかくも、ここには、精密機械が存在するのみで、人間は存在しないのだから。つまり、「自由」というものが存在しないのだから。

近代自然科学が、こうした、自由のない、したがって人間の存在しない、それゆえに犯罪のない世界を、見通しているとは思えない。それにとって重要なのは、もっぱら眼前の諸問題の解決だろう。しかし、こうした当面現実味のない遠い世界が、そのいわば虚焦点のような到達点としてある、ということも確かなのではないか。そして、そうした虚焦点から、ものを見るならば、まさに、そういうことになろう。すなわち、私たちが自由であるなどということは、本当はないのだ。私たちが自由だなどということは、本当は単なる幻想である。ひいては、人間などというものは、本当は存在しないのであって、存在するのは、すべて、自己再生産的な精密機械なのだ。ここには、犯罪などというものは、そもそも存在しないのだ、と。

しかし、もとより、重要なのは、虚焦点ではない。そうではなく、まさしく、この現実の世界であろう。そして、この現実の世界には、現に犯罪が存在するのだ、ということである。つまり、私たちは、現に、機械ではなく、人間であり、そして、自由なのだ、ということである。カントの用語に形式的に即せば、私たちは同時に「叡知界」の住人なのだ、ということである。

繰り返しになるが、重要なのは、まさにこのことであり、このことのみであろう。すなわち、私たち人間は、本当に自由なのか、という問いはいくらでも立てられる。しかし、そうした問いは、ほとんど意味のない問いである。大事なことは、私たちは現に自由であるという事実である。

自由であるとは、どういうことか

私たちは、現に自由である。そして、自由であるということは、私たちの振る舞いが、一般性に解消しないということ、つまり、その十分な理由が不在であるということであり、別言すれば、私たちが個性・特有性に基づいて振る舞うということである、とこれまでに論じた。そして、それは、シェリングの言う「善と悪との能力」であるという論議に沿ったものである、とも。

ただ、むろん、私たちの自由とは、善悪が、そして、いわんや犯罪が問題になる場面においてのみ、発揮されるというわけではない。また、そうした場面が、典型的であるというわけでもない。自由であるということは、私たちの日常的なあらゆる場面に、必ずや関わってくる事柄だろう。

そうであることにおいて、いま、自由という問題を取り上げ、それを論じる、つまり、その内実を明らかにするということであるならば、あらためて視野を広げて捉え返さなければならないだろう。そこで、とりあえず、またもや善悪もしくは犯罪がらみということになってはしまうが、まずは目を再び、かの追突事故に向けてみよう。

追突事故のひとつの例において想定された、この事故の発端は、運転者が珍奇な看板にしばらく気を取られていたということである。こうした振る舞いは、通常、私たちの無意識な振る舞いと解され、積極的に自由なそれとは見なされないだろう。しかし、それによって追突事故が起こったとすれば、その「原因」はまさにこの脇見であるとされ、その責任が問われ、その振る舞いに、ひいては、その人に罪が帰せられる。ということは、それは、その人固有の振る舞いだった、と私たちが了解しているということである。つまり、その脇見運転は、一般的な状況に解消することはできない、ひいては、それは十分に理由づけることができない——十分な理由が欠落している——と、私たちは考えているのである。

それは、どういうことなのだろうか。少々順を追って考察しておこう。

まずは私たちは、目下のケースのような場合、それは十分に説明可能である、それは十分な理由に基づいていると考えよう。すなわち、その看板は、運転者の気を引くほどに十分珍奇であった。それゆえにその運転者はそれに気を取られて、脇見運転をしてしまった、と。それで私たちは、なるほど、と思うわけである。

しかし、もちろん、さらにつきつめてみるならば、これが十分な説明になってはいないということは明らかである。なぜなら、それでは、すべての人がその看板のところで脇見をするかといえば、決してそうではないからである。多くの人たちが、それをちらとは見ようが、気を取られて脇見をするというところまではいかない。だとすれば、その人が脇見をしたことについては、さらに説明がされなければ、十分な理由が十分に示されたことにはならない。その人は、車の運転中であったにもかかわらず、珍奇であったとはいえ、なぜその看板に気を取られるがままに任せてしまったのか。

これについては、さまざまな「解答」が提示されよう。たとえば一昔前であれば、まずは血液型などというものが引き合いに出されたかもしれない。すなわち、私の記憶では、三十年ほど前には実際こんなことが語られていた。B型の人間は、人目を引くものに気を取られやすく、脇見運転等による比較的小規模の事故を起こしやすい、と。そうであるならば、かの問いに対して、かの運転者は血液型がB型だったからだ、と答えられるかもしれない。

たしかに現今では、血液型による事故傾向などというものは、「科学的根拠がない」として、ほとんどタブーである。しかし、いまはそうした議論には目をつむり、三十年前にタイムスリップしたまま話を進めよう。

それで、たしかにその運転者の血液型はB型であったとしよう。しかし、これでかの問いに十分に答えられえたとは、誰も思わないだろう。たとえ、血液型と事故傾向との間に有意の連関があったとしても、かの脇見運転・事故は、運転者の血液型がB型であったから、だから起こったのだ、とは誰も思わないだろうから。

それならば、ということで、運転傾向・事故傾向に関連のありそうな項目を多数列挙し、それによって、運転者のタイプ分けを詳密にして、それでかの解答（十分な理由）を得よう、と私たちはときに考えよう。

たとえばまずは、性別を導入する。あるデータ（日本損害保険協会『自動車保険データに見る交通事故の実態　二〇〇一』PDFファイル版七八頁）によると、出会い頭の事故は、比較的女性に多いのだそうである。が、それはともかくとして、いまや説明はこうである。当の事故は、運転者が、血液型Bであり、女性であったから、あるいは、男性であったから、だから脇見運転がなされ、それで起こったのだ、と。さらに年齢を加え、運転者が二十一歳という若者であったから、さらには、運転経験が半年以下であったから等々と続くのかもしれない。

しかし、私たちは、このように多数の項目をどんなに列挙したところで、それによって最終的に十分な理由が与えられうる、つまり、十分な説明がなされうるとは、やはり思わないのではないか。というのも、たとえそのような項目が非常に多数挙げられるのだとしても、また、ある人々が、たとえ、そのすべての項目に当てはまるのだとしても、そのタイプのすべての人たちが、そこを車で通過するときにはいつでも、追突事故が起こりうるほど十分長く脇見をするとは、考えにくいからである。考えにくい、ということの意味は、もしそのような人たちのだれもが、その時そのように脇見をするのだとすれば、そこで想定されている「人たち」とは、もはや「人たち」ではなく、そのようにプロクラミングされた「機械たち」だ、と私たちは考えるだろう、ということである。

そのような「人たち」とは、やはりすでに「人たち」ではなく、「機械たち」であろう。私たちが「人たち」である限り、このケースについても、十分に理由づけをすることはできない——十分な理由が不在である——、ということであろう。

このように見るならば、脇見運転という、一見私たちの自由とは関わらないかのような振る舞いもまた、十分な理由づけのできない、したがって、一般性に解消することが不可能である、その「人」の個性・特有性に基づいている、ということになりえよう。そうであることにおいて、それは、運転者自身の自由な振る舞いにほかならないのである。それゆえにこそ、その罪が、運転者に帰せられる。

十分な理由の不在ということの内実

だが、こう論じても、十分な理由の不在ということの内実が、したがって、その振る舞いが自由な振る舞いであるということ、そのことが、十分に明らかにされているとは言えないだろう。というのも、依然、次のような思いが払拭しきれないだろうからである。すなわち、たしかに、まったく同じタイプの人が同じ状況に立ち至ったとしても、脇見をする場合としない場合とがあるかもしれない。しかし、そうだとしても、それは依然、とっさの何事かがきっかけとなって、フッとそうなっただけの偶発的なことであるのかもしれない。そうであるのならば、それは、私たちの自由というあり方、つまり、私たちの個性・特有性に基づく振る舞い方というものとは、性格を異にしていよう、と。それゆえに、いまこの問題に、少々立ち入っておこう。

まずは、話がすこし飛ぶが、芸術家のことを考えてみよう。ある芸術家たちは、音楽や絵画、そして、文学等に、このうえない才能を発揮し、すぐれた作品を産み出す。では、こうした人たちのこうした営みは、はたして十分に説明することができるのだろうか。むろん、多くの人がすぐに、できないと言うだろう。ある作品について、その背景や、その産出の経緯などはいくらでも説明ができるだろう。その芸術家は、これこれこういう家系の生まれで、こういう環境に育ち、こういう人々に接し、こういうことを学び取り、そして、当の作品制作時の時代背景、芸術をめぐる状況、また、当の芸術家の生活環境はこうこうであり等々といったことは、いくらでも語りえよう。しかし、それで、この作品、あるいは、それを産み出す営みがすべて分かったということにはならないだろう。

この点で重要なのは、もとより当の芸術家のいわば内面だろう。この人物は、悩み、苦しみ、葛藤し、また、楽しみ、愉悦を感じつつ、作品を仕上げよう。こうした内面についても、むろん、それが、この作品のこうしたところに投影していますなどというように、その解説に盛り込むことはできよう。しかし、それで、この人の内面が分かったか、といえば、決してそうではないだろう。それは、どこまでいっても十分に説明することはできない。そうしたなかで、作品が産み出される。この作品に関して、なぜ、そうしたものが制作されたのかは、制作した当人をも含めて、誰によっても語られえないだろう。

ただ、間違いなく言えることは、このようにして産み出されたこの作品が、この人自身の作品であるということ、まさにこの人が作り出したものであるということ、このことである。それは、言い換えれば、この人自身、この人の個性・特有性とは、そういうものなのだ、ということである。そういうものとは、つまり、この人の家系（遺伝）、生育環境、師弟関係、交流関係、時代背景、芸術状況、生活環境等であり、また、とりわけ、そうしたものと深く浸透し合うこの人の内面であって、結局のところ、十分に説明することのできない、こうしたものの総体である。こうした総体によって、つまり、こうしたこの人自身によって、その作品は産み出されたのだ、と私たちは、そう言うことができよう。

そして、いま述べたいこととは、こういうことである。すなわち、私たちが自由であるとは、私たちが、こうした説明することのできない――十分な理由が不在である――総体に基づいて振る舞うということなのではないか、ということである。

それは、通常抱く「自由」というイメージとは、やや異なるかもしれない。というのも、通常のイメージによれば、芸術家は必ずしも自由ではないからである。すなわち、芸術家は、何の難しさもなく、自らの思うがままに、およそ「自由に」作品を作り出す、というわけではないだろう。むしろ多くの場合、思うようにはいかないのであり、ときに深刻な壁に当たり、悩むのではないか。あるいは、芸術家とは、一生そういう状態であるのかもしれない。そうしたなかで、作品は、ときにあたかも神が作り出したかのようにして、産み出されよう。

こうした営みは、たしかにいわゆる「自由な」営みだ、とは言えないだろう。しかし、実は、そうした営みこそが、自分自身ならざる他の要因（一般性）に解消してしまうことのない、まさに自分自身に基づいた、それゆえに、本来の自由な――かけがえのない――営みなのではないだろうか。

そして、同じことが、すぐれた芸術家に関してのみならず、高く評価されることのない芸術家や、そのほか、一般の人々についても、言うことができるのではないだろうか。ある芸術家は、どんなにがんばってみても、納得する作品ができない、あるいは、誰にも評価されない。また、一般の人々が、手習いをして、写生をしてみても、やはり、素人の域を出ない。そのような場合、私たちは、どういうかと言えば、それは、結局才能がないのだ、ということだろう。それで、なるほどと納得する。しかし、目下の事態がそれで十分に説明されたのかといえば、決してそうではないだろう。こうした人たち一人一人もまた、それなりに考え、悩み、また、工夫をし、楽しんで作品を制作する。そこにできあがった作品は、やはりすぐれた芸術家の場合と同様に、決して説明し尽くされるものではないのではないだろうか。そこにはやはりそれなりに、自分自身ならざる他の要因（一般性）に解消してしまうことのない、その人自身がいるのではないか。そこにはやはり、その人なりの個性・特有性が発揮されているのではないか。

その作品の作成も、もとより、「自由に」、思いどおりにいくわけではない。しかし、そこにはやはり、自分自身に基づいた、かけがえのない、本来の自由な営みが、存しているのではないだろうか。

こう、芸術の営みを一瞥して、ここで、かの脇見運転に立ち返れば、述べたいことは、これもまた同様の自由な営みなのではないか、ということなのである。

すなわち、当の運転者は、珍奇なものに気を取られやすく、一度そうなると、なかなかもとに復帰しないというタイプであったとする。しかし、そうだとしても、あるいは、そうだからこそ、この人は、多かれ少なかれ、そうならないように注意し、普段から配慮しなければならなかったはずである。むろん、その人は、まったくいいかげんで、にもかかわらず、何の配慮もしなかったかもしれない。しかし、いずれにしても、その配慮の仕方が、運転者のそのつどそのつどの振る舞いに、必ずや投影するのではないか。

というのも、もし普段から、そのことに気を遣い、とりわけ車を運転しているときには、よけいなものに気を取られないように、との注意を怠っていなければ、そうした事態に立ち至ったとき、たしかに多くの場合に、短時間でフッと我に返るということになりえようからである。むろん、それでも、つねに思いどおりになるわけではない。どれほど普段、気をつけなくてはと思っていても、スーッとかなりの時間気を奪われたような状態になってしまうこともあろう。しかし、いずれにしても、普段からの配慮が、何らかの形で、その時々の振る舞いに出ると言うことはできよう。そして、そうであるとするならば、あるときの脇見運転は、運転者のまったく関わらない、何かフッとしたきっかけによる偶発事だ、ということにはなりえない。そうではなくその脇見も、何らかの仕方で、その人の気遣い、つまり、内面が関与した結果なのである。多少強調して言えば、それはちょうど、かの芸術の営みのように、その人の出生（遺伝的形質）、生い立ち、さまざまな交友関係、生活状況等、そして、その人のこの内面が、一体となった総体の表出なのである。

むろん、目下の内面とは、芸術の営みの際に比べれば、ごく単純なものである。脇見運転をしないように、普段から、どう対処していたか、というそれだけのことである。しかし、ここにおいても、なにがしかの創意工夫や、それなりの試行錯誤がなされよう。たしかに、それは、内面といっても、通常ごく表面的なものにとどまろうが、しかし、事柄としては、それは、芸術的な活動と同じもの、あるいは、同様のものである、と言うことができるのではないだろうか。

このように見るならば、運転者の珍奇な看板に対するそのつどそのつどの振る舞いも、表面的で軽微なものではあろうが、事柄としては、芸術的な営みと同様に、自分自身ならざる一般的な要因に決して解消してしまうことのない、その限りで、自分自身に基づいた本来の自由な営みである、と言うことができるのではないだろうか。

むろん、繰り返しになるが、それは、一般的なイメージにおける「自由な」営みではない。つまり、そのつどそのつどの珍奇なものに対する私たちの対応は、自分の思いどおりにはならない。運転中は、決して脇見はするまいと堅く心に誓っても、ときに、フッと脇見をしてしまう。そのようなときに私たちは、魔が差したと言う。すなわち、それは、私のせいではないのだ、単にふとしたきっかけでそうなったのであって、自分にはどうしようもなかったのだ、と。しかし、それは、すぐれた芸術活動の場合、それが神の営みのようだ、と言われるのと同じだろう。それは、そのようにして、往々自分自身の振る舞いではないかのようにして行なわれる。しかし、私たちが自由であるとは、そういうものなのではあるまいか。

たしかに、脇見運転の場合には、依然フッとやってしまうという偶発的な印象が強いが、居眠り運転などを考えた場合、そこにおいては、私たちのいわば主体的な自由な振る舞いであるという面が、ある程度前面に出よう。運転していて眠くなったとき、私たちは、普段考えているさまざまな試みをする。飴をなめる、ガムをかむ、ハッカを吸う、首を回す、歌を歌う、手のひらを開いたり握ったりを繰り返す、それでもだめなら、車を止めて一休みと考える等々。これで、あるときは、眠気が払われ、また、あるときは、結局眠気が納まらず、車を停止する。しかし、普段これだけの対応と配慮を行なっていても、運転中にフッと眠ってしまうことはあろう。ただ通常は、すぐにハッと我に返って、何事もないわけだが。

さて、それで、このような場合、そのつどどう振る舞ったかについて、私たちは十分に説明することができるだろうか。普段であれば、その人は、そういう場合、まちがいなく、車をいったん停車させて眠気を払った。であるのに、そのときはなぜそうせずに、たとえ一時であるとはいえ、フッと眠ってしまったのか。それは、おそらく決して十分には説明できないだろう。おそらく、どれほど科学的な探索がなされても、その十分な理由は不在のままなのではないだろうか。あるいは、いずれにしても、その理由が十分に説明し尽くされるのであれば、そこには、私たち人間はおらず、機械のみがあることになろう。

ともあれ、こうして、私たち自身の振る舞いは、通常の意味では、必ずしも私たちの「自由」にはならない。しかし、そのようにして、「自由」にはならない私たちの振る舞いこそが、とりもなおさず、私たち自身の振る舞いなのではあるまいか。そうした振る舞いにこそ、実は、私たち自身というもの、私たち一人一人の個性・特有性なるものが存しているのではないか。そうであることにおいて、そうした振る舞いこそが、本来の意味での私たちの自由な振る舞いなのではないだろうか。

十分な理由の不在（自由）における自己形成

「自由」と言えば、自分の思いどおりに振る舞えることであると私たちは思いがちである。しかし、思いどおりの振る舞いなどというものは、このうえなく危うい。自分の考えを、思いどおりに発言し、思ったとおりに振る舞い、その結果思ったとおりになった。ここに自分は、何ものにも妨げられることなく、このうえなく自由であった……、と思っていたところ、自分の思っていたこととは、結局、マスコミ等によって広く流されていた情報であるにすぎず、真実は実は別のところにあって、煮え湯を飲まされたなどという経験は、おそらく多くの人がもっていよう。それは、実際必ずしも自分自身が振る舞っていたのではなく、大いに他人に操られていたわけである。

ただ、そうはいっても、それでは、別のところにあった真実などというものも、本当に真実なのかと言えば、それも実は、私たちを操るために誰かがどこかで、まことしやかに作り上げたお話であるのかもしれない。そうした場合に、やはり重要なのは、およそ陳腐な話になってしまうが、批判するということ、疑うということだろう。真実がどこにあるのか、また、そもそも真実などというものがあるのかどうか——それは、私たちには分からない。しかし、それは分からないのだと了解すること、自分が大事だと思うことは、徹底して疑ってみること、批判の目で見てみること、悩み、迷うこと、そのようにしつつそのつど振る舞うこと、それが、言うならば、私たち自身にとっての真実であり、そこにこそ自分自身が存在するのではないだろうか。そして、そうした振る舞いこそがすぐれて自由だ、ということなのではないだろうか。

私たちが自由であるとは、おそらく、思いどおりに振る舞えることなのではない。そうではなく、むしろ、さまざまな既存の要因に引きずられつつ、思いどおりにならないなかで、それぞれなりに試行錯誤を繰り返しつつ、そのつどそれなりに振る舞うことであろう。これまでに述べてきた芸術的な振る舞いが、まさにそうした振る舞いであり、また、たしかに、車を運転中の脇見や居眠りもそうした類のものなのである。こうした十分な理由が不在である振る舞いこそが、その人自身の振る舞いなのであり、自由な振る舞いなのだ、と言いうるのではないだろうか。

振り返ってみるならば、実際また、私たちの振る舞いの多くが、こうした自由な振る舞いなのではないだろうか。

日常的な多くのなにげない振る舞い、たとえば、これこれのものを食べ、さまざまな人々と接し、また、道具や機械を使い——車を運転し——、仕事をするという、日々の振る舞い。さらには、どういう学校へ行き、どういう職を求め、どういう会社を選び、どういう人と結婚するのか、しないのか等々について、さまざまに思いをめぐらし、そのつどさまざまな試みを行なっていくという、私たちの人生上の振る舞い。これらは、総じて、必ずしも思いどおりにはいかないなかで、私たちが、多かれ少なかれさまざまに揺れ動き、揺れ動きつつ振る舞うという、そうした振る舞いだろう。まさにこうした振る舞いこそが、その人そのものなのであって、その人の個性・特有性なのではないだろうか。

個性・特有性と言えば、それは、ときに、何かあらかじめ定まったものとして、私たちにいわば埋め込まれたものと解される。たとえば犯罪者に関して、ある哲学者たちは、生まれながらの「その人となり」(その人の個性・特有性)のゆえに、その人は、生まれながらに犯罪者である、と言う。シェリングが、そうであり、また、ライプニッツが類似の議論をしている。それによれば、ユダは、まさにユダであるがゆえに、つまり、その生まれながらの個性・特有性のゆえに、キリストを売る。ここにおいて、彼がキリストを売らないなどということは、ありえないことである。なぜなら、もしそうだとすれば、ユダはユダではなくなってしまうのだから、その個性・特有性がなくなってしまうのだから(シェリング「人間的自由の本質」第二七段落(前掲原典全集:Bd.7, S.386)、ライプニッツ『形而上学序説』第三〇節——シェリングはまたこの件でルターに言及している——)。要するに、ユダは、その個性・特有性のゆえにユダであり、その個性・特有性は、あらかじめ定まっており、それゆえに、ユダは不可避的にキリストを売るのだ、というのである。

しかし、もとよりユダは思い悩み、ユダでありつつキリストを売らないこともできたのではないだろうか。たとえ、ユダが、キリストを売らなかったとしても、依然ユダであったのではないだろうか。

総じて、犯罪者は、そのつど、罪を犯すことも犯さないこともできるのでなければならないだろう。むろん、ある人にとって、ある状況のもと、憎しみや欲望を抑えることがきわめてむずかしい、ということがありえよう。結局のところ、圧倒的な情念に突き動かされてしまう、というように——犯罪ではないが、火災の現場に居合わせて、かの人憎しの一念で、それを放置してしまうという、先の例のように——。しかし、私たちは、たとえわずかであるのだとしても、つねに、そうした圧倒的な力に抗うことができるのではないか。その際たしかに、私たちが、結局どのように振る舞うのかは、私たち自身にも分からないということでもありうる。しかし、にもかかわらず、そこでその人が実際にどう振る舞ったかということ、このことこそが、結局のところ、その人の人となりである、ということなのではないか。そして、そのように振る舞ったということ、そのことこそが、その人の個性・特有性であり、その人自身である、ということだろう。

犯罪者は、決してあらかじめ犯罪者であるということはない。あらかじめそうした個性・特有性を埋め込まれているということはない。そうではなく、犯罪者は、まさに犯罪を犯すということ、そのことによってこそ、犯罪者になったのである。そのことによってこそ、犯罪者であるという個性・特有性を背負い込んだのである。

私たちの個性・特有性というものは、およそあらかじめ私たちが自らのうちに宿しているものではない。そうではなく、それは、私たちのそのつどそのつどの実際の振る舞いにおいて、そのつど産み出されているもの、もしくは、産み出していくものであろう。それは、また少々強調して言うならば、芸術家の営みに比しうるような、そのつどの創造的な営みなのである。

そうであることにおいて、私たちの個性・特有性とは、まさに、十分に説明することはできないもの、十分な理由の不在において成立するものなのである。それゆえにこそ、自らの個性・特有性に基づく私たちの振る舞いは、一般性に解消することのない、私たち自身の自由な振る舞いなのである。

そうであるならば、それはまた、こういうことでもある。すなわち、私たちは、私たち自身を――善き者としてであるにせよ、悪しき悪しき者としてであるにせよ――そのつど産み出していくのだ、と。私たちが個性的であり、私たちの振る舞いが自由な振る舞いであるとは、そういうことなのである。

第5章　必然性の世界における自由

——ヘーゲルの射程

自由に関する論の展開をも終えたいま、ここでいったん、私たちの論議をその冒頭から振り返っておくことも、必ずしも煩瑣な重複とはならないだろう。そうであるならば、まず言いうることは、因果関係とは、実は、十分な理由と帰結の関係である、ということである。繰り返し論じてきたが、時間的に先立つ事柄（原因）が、後続する事柄（結果）を、必然的に引き起こす、ということはない。必然的に物事を引き起こすのは、時間的に先立つ原因なのではなく、結果（帰結）と同時に存立する十分な理由である。あることが起こるについては、必ず十分な（必然的な）理由があるのである。

その十分な理由とは、ごく広い意味での理論であり、私たちが身につけているそれぞれなりの知——了解様式——である。たとえば、正常に作動するブレーキシステムにおいて、ブレーキペダルを適切に踏めば、必然的にブレーキが利く。また、一定の状況下で、電気のショートが起これば、必然的にコードが高熱化し、周囲の紙が燃え、また燃え続け、カーテンが燃え始め、そして、必然的に家屋火災が発生する。また、中途で消火されれば、必然的に火災は起こらない。こうした必然的な出来事は、決して原因によって引き起こされているのではなく、そのつどそのつどの十分な理由において生じている。こうした十分な理由の一つの典型が、自然科学的な法則なのである。

また、次に言いうることは、このようにして、そのもとで必然的に物事が生じるに至る十分な理由と、私たちの自由とは、問題なく両立するということである。物事が原因によって必然的に引き起こされるのであれば、この必然性——因果的必然性——と私たちの自由との両立は、およそ不可能である。しかし、物事が十分な理由のもとで、そのつど必然的に生じるのであれば、この必然性——十分な理由とその帰結との必然的な関係性——と、私たちの自由とは、両立する。電気のショートから家屋火災に至るまでのプロセスは、十分な理由のもとで必然的に経過するが、その間、私たちがカーテンの燃えているのを発見したとすれば、私たちは自由にその火に水をかけ消火することができる。その場合には、家屋火災に至るかのプロセスは、必然的に中断するのである。

世界の出来事の必然性と、私たちの自由との両立という問題は、大いに私たちを悩ませる。世界の出来事が必然的に、つまり、必ずそのようになるという仕方で、生じるのだとすれば、あたかも一切が宇宙の始まりから定まってしまったかのようであり、したがって、私たちの自由というものの成立する余地が消えてなくなってしまいうるからである。しかし、世界の物事が生起する必然性とは、十分な理由のもとでの必然性なのである。そして、そうである限り、まったく問題なく、私たちは自由でありうるのである。

では、最後に、私たちの自由とは、どのようなものなのかと言えば、それは、十分な理由の不在ということにおいて成立するものだ、ということである。すなわち、十分な理由とは、私たちが了解可能なものである。したがって、それは、個別的なものではなく、一般的・普遍的なものである。その限り、十分な理由のもとで必然的に生じる事柄は、原理的に、個性・特有性といったものはもたず、そのすべてが一般性に解消する。これに対して、私たちの自由とは、私たちそれぞれの個性・特有性に基づくものである。それゆえに、それは、十分な理由の不在において成立する。その不在とは、具体的には、私たちの出生や生い立ち、それに、さまざまに錯綜する諸状況や諸環境等々と一体となった、私たちの内面のあり方である。この内面においてこそ、一般性に解消しない、私たち一人一人の個性・特有性が存する。まさに、こうした個性・特有性のゆえに、私たちは、機械ではない人間なのであり、自由なのであり、また、そのつど自分自身を——よしにつけあしきにつけ——産み出していくものなのである。

世界は、たしかに、十分な理由で満たされている。しかし、そこには、その不在という、こうした私たち人間の自由もまた存している。そこには、十分な理由のもとに成立する必然性と、こうした私たちの自由とが、併存しているのである。

さて、このような議論をこれまでに行なってきたわけだが、本書冒頭に述べたように、この議論を支える基盤の一つが、ヘーゲル『論理学』(Hegel, G. W. F., *Wissenschaft der Logik*, in *Werke in zwanzig Bänden*, Frankfurt am Main, Bd. 5, 6, 1969. 以下、引用箇所は、この第六巻のページ数による)の本質論における様相論もしくは必然性論である。

ヘーゲルのこの議論は、可能性、現実性、偶然性、そして必然性という様相の観点からの世界把握を主題とするものであり、したがって、それは、私たちのこれまでの因果および理由の議論とは、やや視点を異にしている。それゆえに、それはたしかに、これまでの私たちの議論と、必ずしも直接的に重なり合ってはいない。しかし、本章では、このヘーゲルの議論に論及し、それがまさに、これまでに論じたような因果関係から理由の関係への移行という視座を、先取りし提示したものであることを確証する。そして、さらにまた、私たちは、このヘーゲルの論議をたどることによって、私たちが自由に振る舞うこの世界のあり方を、いわばいっそう鮮明に、生き生きと描写しうることとなる。私たちは、ここで、この描写を試みよう。

第1節　形式的な観点による様相

さて、私たちは日常さまざまに、「それは可能だ」、「現実だ」、「それは偶然だ」、「必然だ」と語る。このようにさまざまに語られる「可能性」、「現実性」、そして、とりわけ「偶然性」、「必然性」――いわゆる様相――のいわば内的な構造が、どのようなものであるのか。これが、いま述べたように、ここでのヘーゲルの議論の主題である（なお、「現実性」の原語は、"Wirklichkeit"であり、これは、単に「現実」とも訳しうる。以下においては、「現実性」と「現実」という両表現を、脈絡に応じて使用する――場合によっては、「現実（性）」とも表記する――が、その内容はまったく同一である）。

ヘーゲルは、この主題をめぐってまずは、ごく素朴な観点、すなわち、「形式的な」観点から、論議を始める。

形式的観点による現実性、可能性

まず問題は、「現実（性）」とは何かである。それは、まずは、現に生じ、動かしがたいものとして存在する、あるいは、存在した、と考えられる一切であろう。かぜを引いた、熱がある、追突事故があった、大破した車がある、火災があった、焼け跡がある、ビリヤードボールを突いた、ボールが転がった、それがいまそこに止まっている等々、こうしたすべてが「現実」だろう。

こうした、とにかくも端的にあること、あったことである「現実」が、素朴な意味での「現実」、すなわち、ヘーゲルの言う「形式的現実性」である。

それはまた、こう性格づけられる。すなわち、それは「存在（Sein）もしくは現実在（Existenz）一般以外の何ものでもない」「直接的で反省されざる現実」（202）である、と。要するにそれは、現にある、現にあった、ということ以上でも以下でもない物事だ、ということである。

では、「可能性」とは何か。これについてヘーゲルがまず提示するのは、やはり素朴な意味での「可能性」、すなわち、「形式的可能性」(203) である。それは、単なる「可能性」ということならば、何でも可能だ、と言われる場合の「可能性」である。

追突事故や火災は起こるかもしれないし、起こらないかもしれない。起こった場合、私は、まったく無事かもしれないし、大けがや大やけどをするかもしれないし、ことによると死んでしまうかもしれない。あるいは、何でも可能だということであるならば、私はスーパーマンではなくとも、私は億万長者になるかもしれない。明日はまた、雨が降るかもしれないし、太陽は明日西から昇るかもしれない。また、スーパーマンになって、けがもやけどもせず、死にもしない、ということになりうるかもしれない。ひょっとすると全然昇らないかもしれない。あるいは、太陽は明日西かかもしれないし、ことによると槍が降るかもしれないし、血の雨が降るかもしれない等々。

素朴な意味での「可能性」、すなわち、「形式的可能性」とは、こうした荒唐無稽なことなどをも含めた、思いつきうる一切の物事――「自己矛盾しないあらゆること」(ibid.)、「無際限の多様性」(ibid.) ――のことなのである。

偶然性

次に、ヘーゲルは、このような素朴な「現実性」(「形式的現実性」) と「可能性」(「形式的可能性」) とによって、「偶然性」をいわば定義する。それによれば、こうである。

偶然的なものとは、同時に単に「一つの」可能的なものと規定された現実的なもののことである。つまりそれは、それとは違うことあるいは反対のことが、まったく同様に「可能で」あるという、そのような現実的なものであ

る。(205)

たとえば、火災が起こった、とする。それは一つの「形式的現実性」である。しかし、それはまた、つねに同時に、単に一つの「形式的可能性」でもある。つまり、その火災は、単に一つの可能性であった。すなわちそれはまた、起こらないことも可能であったのである。

現に起こった火災の、こうしたあり方を、ここでヘーゲルは、「同時に単に［一つの］可能的なものと規定された現実的なもの」と表現している。

そして、「偶然的なもの」とは、こうしたもののことだ、という。というのも、「偶然的なもの」とは、「それとは違うこととあるいは反対のこと」、すなわち、〈起こらない〉ということが、「まったく同様に［可能で］あるという、そのような現実的なものである」のだからである。

そのようなものであることにおいて、火災は、まさに「偶然的なもの」である。それは、起こらないこともありえたが、たまたま——つまり、偶然——起こったのである。

こうした偶然的なもののあり方、すなわち、「偶然性」を、ヘーゲルはまた端的に、こうも表現する。「偶然性」とは「［現実性と］可能性との直接的で肯定的な同一性」(ibid.) である、と。

火災が起こったという「現実(性)」は、そのまま同時に一つの「可能性」であり、ここにおいては、「現実性」(当の火災が起こったということ) と「可能性」(当の火災が起こりえたということ) とが、そのままぴったりと一致している——「直接的で肯定的な同一性」——。「偶然性」とは、この一致(「同一性」) のことである、という。繰

形式的現実性 = 形式的可能性

(当の火災が起こったということ) (当の火災が起こりえたということ)

偶然性

図1　偶然性(1)

り返すならば、それは、当の「現実」が、そのまま一つの可能性だったということであり、別の可能性、すなわち、起こらなかったということもありえた。それが――たまたま――現に起こったということである(図1)。

このように見るならば、私たちの世界の事柄は、ことごとく偶然的なものである。というのも、あらゆる事柄が、つねに一つの可能性にすぎないのだからである。

しかも、目下の素朴な(「形式的な」)観点に立つならば、この「偶然性」は、際立ったものとなる。なぜなら、どんなに荒唐無稽なものであろうとも、およそ思いつきうるものであれば、ことごとく可能なものなのだからである。すなわち、明日太陽が西から昇ることも、また、およそ昇らないことも可能である。それゆえに、明日太陽が東から昇るのは、偶然である、というわけである。

形式的観点による必然性

こうして、目下の素朴な(「形式的な」)観点において、「現実」はすべて「偶然」である、と見なされる。「現実」に起こったことは、すべて、起こらないことも可能だったのだからである。

しかしヘーゲルはここに、やや驚くべき、しかし、論議の核心となる論点を、導入する。すなわち、こうした「偶然性」は、その定義により、そのまま「必然性」――素朴な観点での

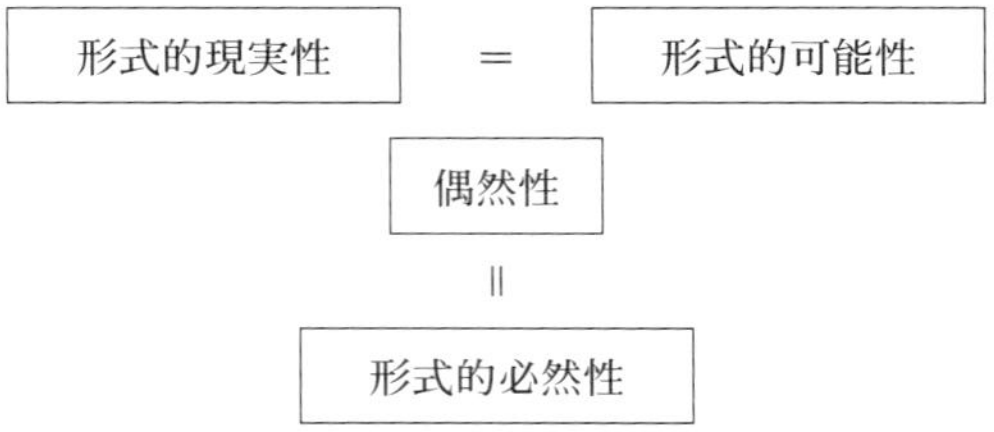

図2　形式的必然性

「必然性」（「形式的必然性」）――でもある、というのである。なぜなら、「必然性」とは、「可能性」と「現実性」という「両規定の同一性」(206)にほかならないのだから、と。

この「両規定の同一性」とは、前項で見た「［現実性と］可能性との直接的で肯定的な同一性」と同義であり、その簡潔な表現である。それゆえに、この偶然性の定義が、そのまま「必然性」の定義でもあることになる。すなわち、「偶然性」とは、そのまま「必然性」でもある、と。

むろん、「偶然性」と「必然性」とは、一般に徹底して相反するものと解される。すなわち、私たちの世界のあらゆる事柄は、偶然的に存するか必然的に存するかのどちらかであり、また、偶然的であるのならば、決して必然的ではなく、必然的であるのならば、決して偶然的ではない、と。

ところが、こうした通常の了解にはまったく反して、ヘーゲルは、「偶然性」のあり方と「必然性」のあり方とが、まったく同一であり、したがって、ある一つの事柄が、偶然的であると同時に必然的であるということがありうる、あるいは、それどころか、物事が存するのはすべて偶然的であるが、しかしまた、同時に必然的でもある、と言おうとするのである（図2）。

実にこの議論こそが、ヘーゲルの目下の議論の核心である。また、こうして、偶然的なものが、同時に必然的なものでもあるということ、逆に言えば、必然的なものも、単に必然的なものなのではなく、同時に偶然的なものでもあるということ、このことこそが、因果関係（因果の必然性）を否定して理由関係（十分な理由の必然性）へと転換するという、これまでの私たちの議論の支えとなったものなのである。

だが、この核心的な議論が、目下の「形式的な」観点において、展開される、ということはない。それがなされるのは、「現実性」や「可能性」にさまざまな内容が盛り込まれることになる、以下の「実在的」および「絶対的な」観点においてである。目下の「形式的な」観点においては、まずは、「偶然性」と「必然性」とが、同一のあり方なのだということ、したがって、両者は同時成立であるということが、いわば「形式的に」予告されるのみである。

それゆえに私たちは、さらにヘーゲルの論議を追わなければならない。

第2節　実在的な観点による様相

さて、「現実」とはたしかに、「形式的」観点から捉えられたように、かつてあったこと、そしていまあることのすべてであろう。つまり、昨日そこの交差点で追突事故があった。とすれば、それが一つの「現実」である。しかし、そうした「現実」は、それだけでぽつんとある、あるいは、あったわけではないだろう。それは、それに先立つさまざまな状況、さらには、それに続く悲劇的な光景などと絡み合っている。そうした絡み合いとともに捉えられた追突事故こそが、実際に私たちが捉える「現実」というものだろう。

それゆえにヘーゲルは、次に、素朴な（「形式的な」）観点から一つ歩を進めて、実際の現実把握の仕方に即した観点から、「現実（性）」とは、いかなるものであるのかを捉えようとする。それが、「現実性」に関する「実在的な」観点からの考察である。

実在的観点による現実性、可能性

追突事故に即してみよう。実際それは、その他のさまざまな事柄と密接に関連していよう。たとえば、ドスンと大きな音がした。人々が、何が起こったのだろうと、飛び出してきた。運転者が、ぐったりとしていた。誰かが救急車を呼んだ。警察に連絡した。救急車やパトカーが、サイレンを鳴らして次々に到着した等々のことが、そのとき起こったとすれば、それらのことが、この事故と密接に関連して起こった「現実」である。そして、私たちは、この追突事故という「現実」を、これらのさまざまな「現実」とともに了解しよう。そのように了解された「現実」が、「実在的な」観点から捉えられた「現実性」、すなわち、「実在的現実性」である。

もっとも、こうした「実在的現実性」についてのヘーゲルの論述は、きわめて不分明である。たとえば、こうである。

> いまや両形式の区別、すなわち、現実性そのものと可能性との区別に対して無関心なものとして、この両者の統一が規定されている。(207)

この意味は、おそらくこうである。すなわち、目下の「実在的な」観点においても、「形式的な」観点におけるのと同様に、「現実性そのもの」、つまり、当の追突事故は、「可能性」と統一されている。つまり、それは同時に一つの「可能性」である。しかし、この両者の統一の仕方は、「形式的な」観点の場合とは、次のように異なっている、というのである。

すなわち、先の「形式的な」観点においては、ある「現実」が、それ自体「現実性」であるのか「可能性」であるのかという、この区別に対して、私たちが無関心だ、ということはない。なぜなら、そこにおいては、ある事柄が、単なる「可能性」であるにすぎないのか、それとも、「現実性」でもあるのか、ということは、大いに問題だからである。つまり、天気の例によれば、晴れたり曇ったり、雨が降ったり雪が降ったり、ということは、たしかに「可能性」でもあるが、同時に、現実に起こること、「現実性」でもある。これに対して、槍が降ったり、血の雨が降ったり、ということは、単なる可能性にとどまるのであって、それが「現実」になるということはない、と私たちは考えている。この両者の間には、はっきりと一線が画されるのであり、「現実性」でもあるものと、単なる「可能性」にとどまるものとは、大いに異なるのである。

ところが、「実在的な」観点においては、この区別は問題ではない。「現実性」や「可能性」にとって、この区別は、どうでもよいこと——私たちには関心のないこと——だ、というのである。というのも、ここにおいては、「現実性」がいつでも同時に「可能性」であり、この「可能性」がまた、ことごとく何らかの「現実性」となる「可能性」なのだから。つまり、「現実性」と「可能性」とは、つねに一体なのだからである。

たとえば、かの追突事故という「現実（性）」は、同時に一つの「可能性」である。ただし、その「可能性」とは単に、「現実性」（その追突事故が起こったということ）が、そのまま一つの「可能性」（その追突事故は起こりえたこと）である、という意味での「可能性」（「形式的可能性」）にとどまるものではない。そうではなく、さらにそれは、何らかの「現実性」となる「可能性」、換言すれば、何らかの別の「現実（性）」を引き起こす「可能性」なので

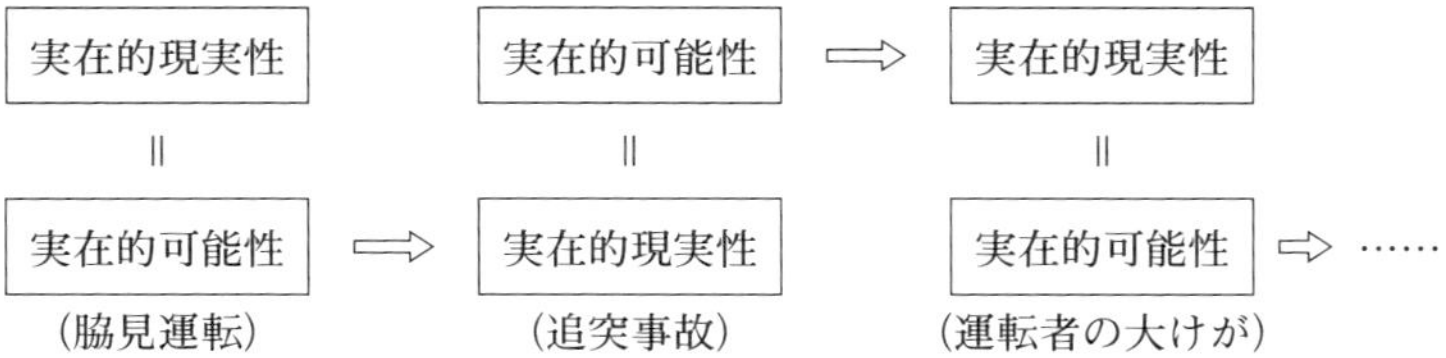

図3　実在的可能性・現実性

ある。

たとえば、すでに述べたように、ドスンと大きな音がした、人々が何が起こったのだろうと飛び出してきた、運転者がぐったりとしていた、救急車が来た、といった諸事が、追突事故によって引き起こされた。とすれば、追突事故という「現実」は、同時に、こうした他の「現実」を引き起こす「可能性」だったのである。そうである限りにおいて、この「可能性」とは、「形式的可能性」におけるように、荒唐無稽な現実離れしたものであるということはない。なぜなら、その「可能性」——「可能性」としての追突事故——とは、つねに他の何らかの「現実」（運転者の大けが等）を引き起こしうる、そして、実際に引き起こしたという、そういう、つねに「現実」と一体の「可能性」なのだからである（図3）。

むろんそれは、「可能性」である限り、もっと別の「現実」をも引き起こしえた。かの追突事故においても、何らかの事情のゆえに、運転者は、わずかの傷を負っただけですんだということも、むろんありえた。しかし、いずれにしても追突事故は、こうした何らかの「現実」を引き起こす「可能性」なのである。

このような「可能性」が「実在的可能性」であるわけだが、まさに同時にこうした「実在的可能性」でもある（「実在的可能性」と一体である）「現実性」が、「実在的現実性」にほかならない。

そうであることにおいて、いまや「現実性」は、自らのうちに豊かな内容を孕んでいる。

すなわち、「形式的現実性」とは、単に何らかのことがある、あった、というだけの皮相なものである。それに対して、「実在的現実性」とは、それ自体が一つの「可能性」であることによって、それによって可能となったさまざまな「現実」と一体となっている。またさらには、それに先立つある「現実」、たとえば、脇見運転が、目下の「現実」——つまり、追突事故——を引き起こす一つの「可能性」であったことにより、この「可能性」とも一体である。「実在的現実性」とは、こうして、さまざまな「現実性」をそのうちに含みもった内容豊かなものなのである。

ちなみに、こうした豊かさは、私たちが物事を歴史的な背景のもとで了解する際に、顕著に表われよう。すなわち、たとえば、新宿に「中村屋」というレストランがあるが、この店の由来を知らない人々にとっては、それは、少しレトロな感じのする比較的広いその種のお店がある、というだけのことであろう。それはほとんど「形式的現実性」である。しかし、その店が、禁酒運動や売春禁止運動に熱心に取り組んだ敬虔なクリスチャンである、(現)長野県安曇野市出身の相馬愛三によって創業された店であるという由来を知る人々にとっては、新宿に「中村屋」という店があるという「現実」は、このうえなく豊かな内容を含みもつ「実在的現実性」なのである。「実在的現実性」とは、こうして、豊かな内容をそのうちに宿した「現実性」なのである。

また、「実在的な」観点から捉えられた「可能性」、すなわち、「実在的可能性」については、これもすでに述べたとおりである。すなわち、「実在的現実性」が、これまでに論じたように、同時に「可能性」でもある——つまり、同時に、他の「現実(性)」を引き起こす「可能性」でもある——のだが、「実在的可能性」とは、この「可能性」にほかならない。繰り返せば、脇見運転が、追突事故の「可能性」(「実在的可能性」)であり、また、「追突事故」が、「大きな音」や「車の大破」や「運転者のけが」等々の「実在的可能性」である。

これに関するヘーゲル自身の論述を引いておくならば、こうである。

それゆえに、ある事柄の可能性をなす、この現実性［たとえば、追突事故］は、自己自身の可能性なのではなく、別の現実的なもの［たとえば、運転者のけが］の自体存在［すなわち、可能性（実在的可能性）］なのである。（209）

「実在的可能性」とは、他の現実的なもの（「実在的現実性」）を引き起こす「現実性」なのだ、というのである。

実在的観点による必然性

こうして、「実在的な」観点から、「現実性」と「可能性」とが論じられた後、ここでは次に、「必然性」が主題化される。そして、それを踏まえて、必然性と偶然性の一体性という核心的な論議への展開がなされるのである。まずは、目下の「必然性」（「実在的必然性」）についてのヘーゲルの議論だが、それは、こうである。

必然的であるものは、別様ではありえない。だがおそらく、総じて可能的であるものも、そうなのである。［……］実在的に可能的であるものは、もはや別様ではありえない。これこれの諸条件や諸状況のもとでは、別のことは生じえないのである。それゆえに、実在的可能性と必然性とは、単に見かけ上異なるだけである。（211）

必然的なものとは、必ずそうなるものであるのだから、それは別のものになることはない。しかし、ヘーゲルによれば、可能的であるものもまったく同様であるのだ、と言う。

だが、通常、可能的なものとは、別のものにもなりうるからこそ可能的なものである。これは、可能的なもの（可能性）の基本的な意味であり、したがって、「実在的な」観点においても、同様でなければならないだろう。そうであるとすれば、可能的なものが別様ではありえない、ということはないはずである。にもかかわらず、ヘーゲルは、それも別様ではありえない、と言う。どういうことなのだろうか。

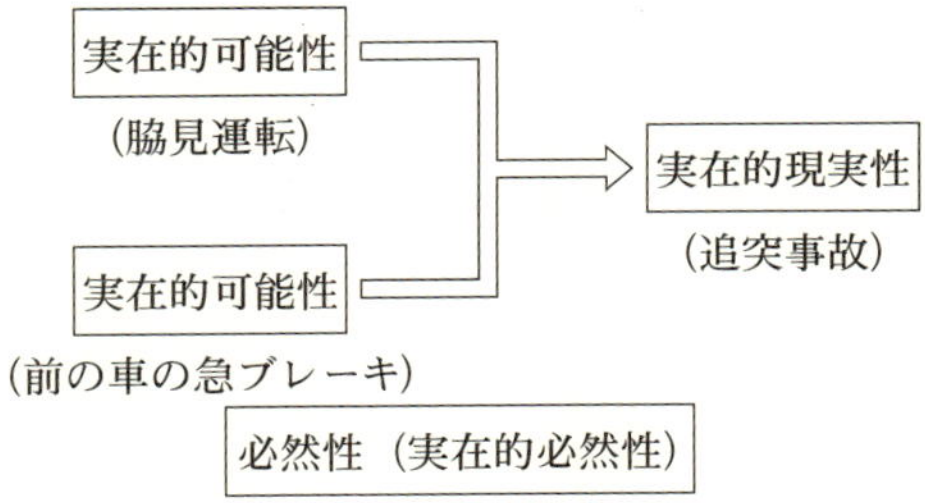

図4　実在的必然性（1）

脇見運転による追突事故を例にとろう。ここにおいて、脇見運転は、追突事故を起こしうる「実在的可能性」である。しかし、それが「可能性」である限り、もとより、それによって必ず「追突事故」が起こるというわけではない。

だが、ここで考慮すべきことは、追突事故を起こしうる諸「可能性」が、複合的に重なったという、そういう場合である。たとえば、前方の信号が赤に変わり、前の車が、急ブレーキをかけた、とする。このこと自体も場合によってはかなり危ない操作で、追突事故を引き起こしうること、つまり、追突事故の一つの「可能性」（「実在的可能性」）である。しかし、それも「可能性」である限り、それによってただちに追突事故が起こるというわけではない。だが、このことと、かの脇見運転とが重なった場合、すなわち、前の車が急ブレーキをかけた際に、後続車の運転者が脇見をしていて、追突が不可避な状態になるまで、そのことに気づかなかったという場合、これら

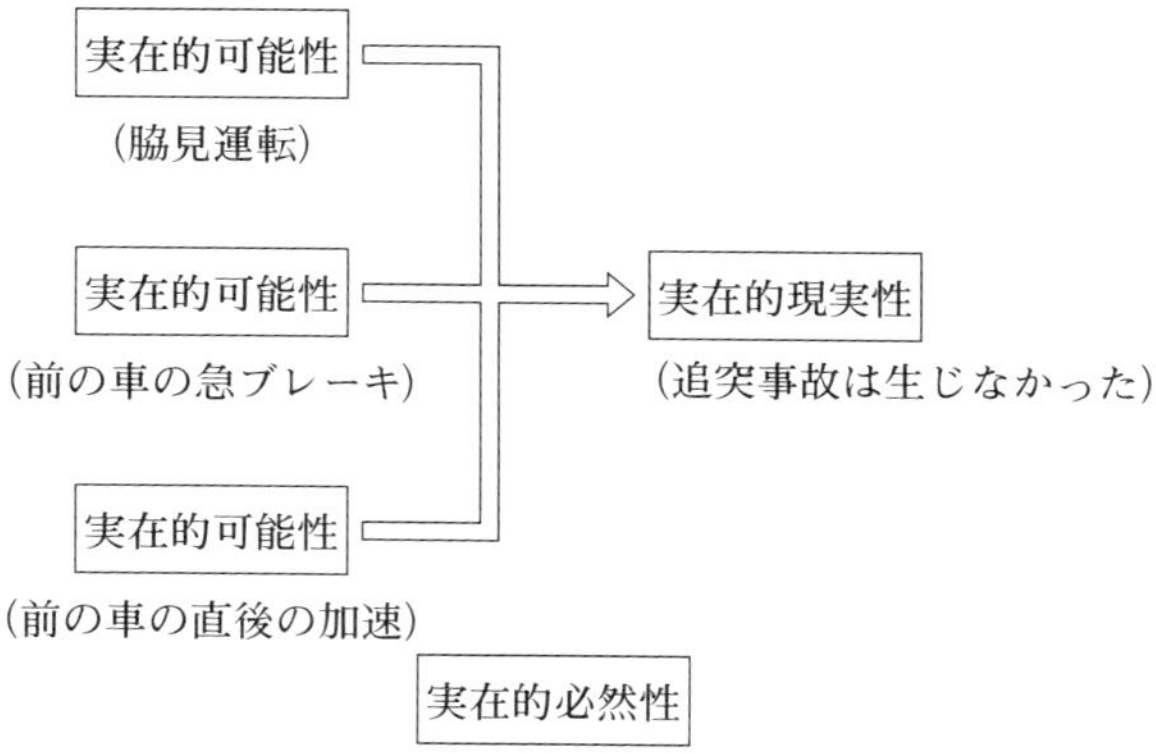

図5　実在的必然性（2）

の諸「可能性」によって、追突事故は必然的に起こるのである（図4）。

ただし、むろん、この「可能性」も、まさに一つの「可能性」であるにすぎないのだから、目下の「可能性」――つまり、脇見運転と前の車の急ブレーキという複合的事態――が成立したとしても、そのときには必ず（必然的に）追突事故が起こる、ということはない。というのも、前の車の運転者は、赤信号で停止しようとして急ブレーキをかけたのだが、しかし、その際の急ブレーキはかえって危険だと気がつき、その直後にむしろ加速し、交差点を通り抜けてしまったかもしれない。それによって、追突事故は起こらなかったかもしれないのである。

しかし、実はこの場合でも、今度はこの「可能性」によって、物事はやはり必然的に生じているのである。すなわち、脇見運転をしていたということ（「可能性」）、および、赤信号によって前の車が急ブレーキをかけたこと（「可能性」）、さらには、前の車が直後に加速したということ（「可能性」）という、いまや三つの「可能性」が重なることによって、必然的に「追突事故」は生じなかった――「追突事故」が生じなかったということが、必然的に生じた――のである。要するに、目下の「可能性」（「実在的可能性」）は、他の諸「（実在的）可能性」（「これこれの諸条件や諸状況」）と重なり合って、つねに何事かを必然的に引き起こすのである。

このように見るならば、「実在的可能性」は、「可能性」でありつつも、いつでもすでに、いわば必然性のうちに取り込まれている。それは、そのつどすでに「もはや別様ではありえない」。「これこれの諸条件や諸状況のもとでは、別のことは生じえないのである」。

その限りにおいて、「実在的可能性」は、つねに同時に「必然性」である。つまり、「それゆえに、実在的可能性と必然性とは、単に見かけ上異なるだけである」、とヘーゲルは言うのである。

このようにして、とりわけ「実在的可能性」との関連において提示される「必然性」が、ヘーゲルの言う「実在的必然性」である（図5）。

ちなみに、先に言及した、「追突事故」後に生じたさまざまな出来事——人々が飛び出してきた、運転者が大けがをした、救急車が来た等々——もまた、「追突事故」（今度はこれは「実在的可能性」である）が、他の「実在的可能性」（近くの民家に比較的多くの人がいた、運転者はシートベルトを締めておらず、車にはエアバックが装着されてはいなかった、ある人が消防署に連絡をした等々）と複合することにおいて、「必然的に」引き起こされた出来事である。もとより、この「必然性」も「実在的必然性」である。

ところで、「実在的必然性」が、このようなものであるとすると、この「必然性」は、「相対的」なものである、ということになろう。

というのも、複合的な「実在的可能性」が、同時に「実在的必然性」だ——必然的に「実在的現実性」（追突事故）を引き起こすのだ——とはいっても、先にも述べたように、その折（脇見運転をしていた際に前の車が赤信号で急ブレーキをかけた折）に、必ずそのこと（追突事故）が、起こるしまた、起こった、と言うことはできないからである。

つまり、そのとき、前の車は、急ブレーキの直後にそれを解いて加速したかもしれないし、あるいはまた、その日、路面がかなり濡れていて、前の車は急ブレーキをかけたところスリップして、かなり前方まで滑っていってしまったかもしれない。前の車は、それで別の車と衝突事故を起こしてしまったかもしれないが、しかし、いずれにしても、そうしたことによって、後続の車は、追突事故を起こさずにすんだ、ということにもなりうるのである。

すでに論じたように、その際何が起ころうとすべてが「実在的に必然的な」ことである――すべては必然的に起こっている――わけだが、しかし、そうした「必然性」にもかかわらず、実際に何が起こるかは、およそ定まらないのである。それゆえに、この「必然性」(「実在的必然性」)をヘーゲルは「相対的」(「相対的必然性」)だ、と言うのである。

実在的必然性すなわち偶然性

「実在的必然性」とは、「相対的必然性」であり、それは、一定の複合的な「実在的可能性」が、ある一定の「実在的現実性」を必然的に引き起こす限りでの「必然性」である、という。こうした議論を踏まえて、いよいよ、必然性と偶然性との一体性の議論が始まる。

まずはヘーゲルは、ごく当然のように、こう論じ始める。すなわち、目下の「必然性」とは、そのまま同時に「偶然性」である、と。というのも、ある物事(たとえば、追突事故)が必然的に生じるについては、その折々に、相異なる「実在的可能性」がさまざまに重なり合うのであり、その重なり合い方によって、さまざまな事柄が起こりうるのだから。つまり、あらかじめ何が起こるのかが定まっている、ということはおよそないのだから、という。そうであることにおいて、何が起こるかは、およそ偶然なのだ、というである（図6）。

たしかに、脇見運転は、一定の諸条件・諸状況のもとで、必然的に追突事故を引き起こす。しかし、この一定の諸条件・諸状況が、実際に成立するかどうかは不確定である。成立することもあるし、成立しないこともある。つまり、偶然なのである。したがって、一定の諸条件・諸状況のもとで、脇見運転によって必然的に引き起こされる追突事故は、つねに同時に、偶然生じるのだ、というのである。ヘーゲルの文言によれば、こうである。

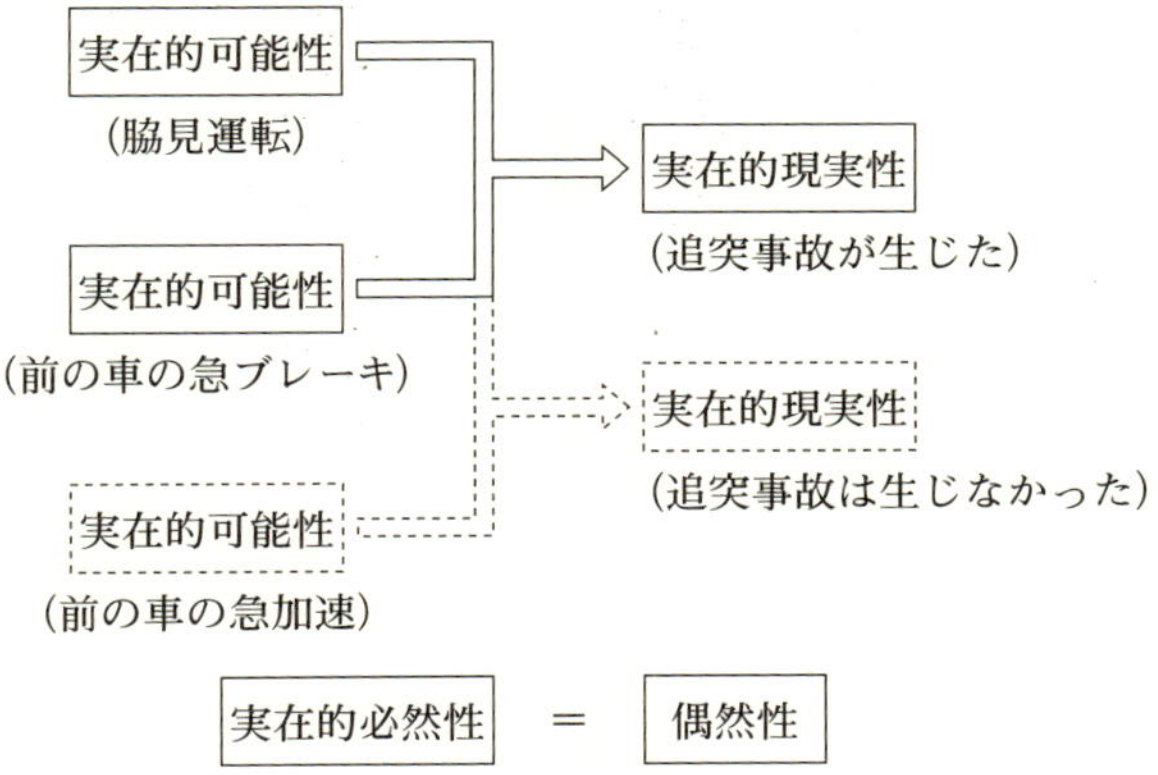

図6　偶然性（2）

> すなわち、この必然性は、ある前提［一定の諸条件・諸状況］をもっており、その前提から始まる。それは、この偶然的なものに、その出発点をもっている。(211)

したがって、必然的に起こることは、同時にまた偶然的に起こっている――「必然性」はつねに同時に「偶然性」である――というのである。

可能性への「直接的な転倒」

ヘーゲルは、このようにして、「必然性」は同時に「偶然性」である、と論じるわけだが、このことを、さらにこう展開するのである。

実在的可能性は、単に可能性として、つまり、現実性［＝実在的現実性］の、その反対［＝実在的可能性］への直接的な転倒として、すなわち、偶然性として、規定されている。(212)

まずは、「実在的可能性」は、単に一つの「可能性」であり、「現実性［＝実在的現実性］の、その反対［＝実在的可能性］への直接的な転倒」である、といわれる。このことの意味は、要するに、何が起こるかは、起こってみなければ分らない、ということである。

たとえば、脇見運転をしていた、そのときに、前方の信号が赤となり、前の車が急ブレーキをかけた。それによって、追突事故が起きたというわけだが、それは単に一つの可能性であるにすぎない。先にも述べたように、そのとき、前の車は直後に急ブレーキを解除して、そのまま交差点を通過していったかもしれないし、スリップして相当前方にまで滑っていってしまったかもしれない。こうした可能性もありえた。しかし、実際には、こうした諸可能性のさまざまな重なり合いのうちの一つのものが、現に追突事故を引き起こす「可能性」(一定の複合的な「実在的可能性」)として、定まった。それによって、まさに追突事故は起こったのである。

では、その複合的な「可能性」は、どのようにして定まったのか。それは、実際に追突事故が起こったことによって、ということ以外ではない、というのである。まさに、そのときに起こった追突事故によってこそ、そのときの状況――そのとき、どういう諸可能性が重なり合った状態であったのか――が、決定する、という。実際、まったく同じ諸可能性の重なり合いがあったのだとしても、繰り返し見てきたように、追突事故が起こったかどうかは分からないのである。そこには何らかの別の可能性——急ブレーキの解除やスリップ等々——が、いつでも加わりえた。こうした場合には、追突事故は起こらなかったのである。そのような不確定な状況において、最終的に、どういう状況（どういう諸可能性の重なり合い）となったのか。それが定まるのは、まさに実際に事が起こったことによってなのだ、というのである。

少々定式化するならば、こうなろう。すなわち、目下の事態とは、①運転者が脇見をしていたちょうどそのときに、信号が赤になり、前の車が急ブレーキをかけ、その車との距離が追突を避けられないものとなった、それによって、②その追突事故が起こった、ということである。ここにおいて、①が、追突事故を引き起こした「実在的可能性」であり、②が、それによって生じた「実在的現実性」である。ところで、この「実在的可能性」（①）は、一般には、このようなものとして確定するかどうかは不明である。つまり、なお、別の多様な可能性が重なりうる。しかし、いま、まさに追突事故（「実在的現実性」）が起こったのであり、そのことによって、さらに別の可能性（ブレーキの解除やスリップ等）が重なるという事態が、最終的に遮断されたのである。それによってまさに、かの「実在的可能性」（①）が、かのこととして定まったのである。

このことをヘーゲルは、こう述べているわけである。「実在的可能性」は、「現実性［＝実在的現実性］の、その反対［＝実在的可能性］への直接的な転倒」である、と（図7）。すなわち、最終的に現に定まる「実在的可能性」（かの①が起こり、かつ、

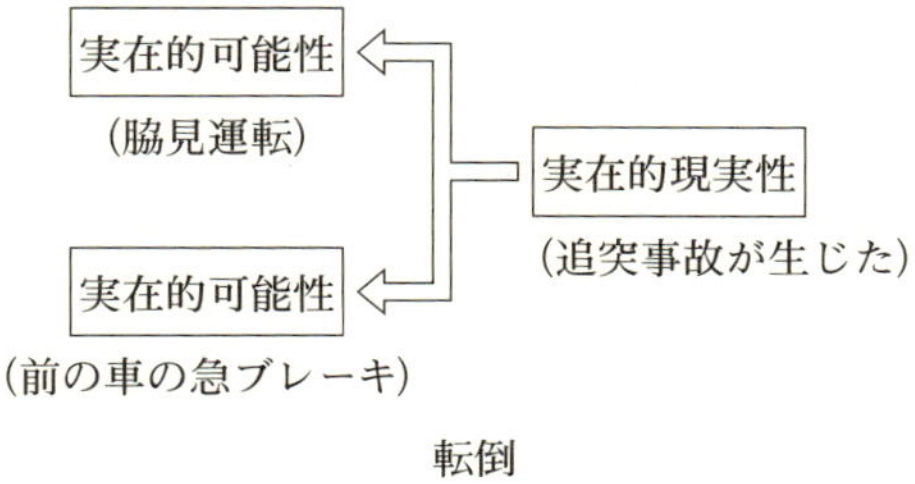

図7　直接的な転倒

その後特別なことは何も起こらなかったということ）とは、「実在的現実性」、つまり、現に起こったこと（追突事故）が、そのまま「実在的可能性」へと反転したものである、と。

要するに、何が起こるかは起こってみなければ分からない、ということである。すなわち、一定の「実在的可能性」によって、「実在的現実性」が必然的に生じるのであり、その限りでは、一定の「実在的可能性」が決まっていれば、それによって実際に何が起こるのかがあらかじめ決まっていることになる。しかし、そのようにして実際に起こることを決定する一定の「実在的可能性」が、実は、実際に事が起こってみなければ決まらないというのだからである。

かの引用文ではまたさらに、「実在的可能性」は「偶然性」である、といわれていた。たしかに前項に見たように、「実在的可能性」は、一方で「必然性」である。すなわち、一定の「実在的可能性」からは、必ず一定の「実在的現実性」が生じる。しかし、他方、いましがた論じたように、一定の「実在的可能性」は、一定の「実在的現実性」が生じることによってのみ、それとして定まるのである。すなわち、一定の「実在的可能性」（たとえば、かの①）は、一定の「実在的現実性」（たとえば追突事故）が起こった、そのときにはじめて、それ（①）として確定するのである――かの「直接的な転倒」――。「実在的可能性」と「実在的現実性」という必然的な関係にある両者は、こうして、まさに「実在的現実性」が成立したその瞬間に、同時に成立する。換言すれば、一定の「実在的可能性」によって必然的に一定の「実在的現実性」が生じるという、このことの全体が、何事によっても決定されることなく、生じるがゆえに生じる――一定の「実在的現実性」が端的に生じることにおいて、この全体が端的に生じる――のである。こうして、「実在的可能性」は、端的に、つまり、たまたま、一定の「実在的可能性」として成立する。それは、そ

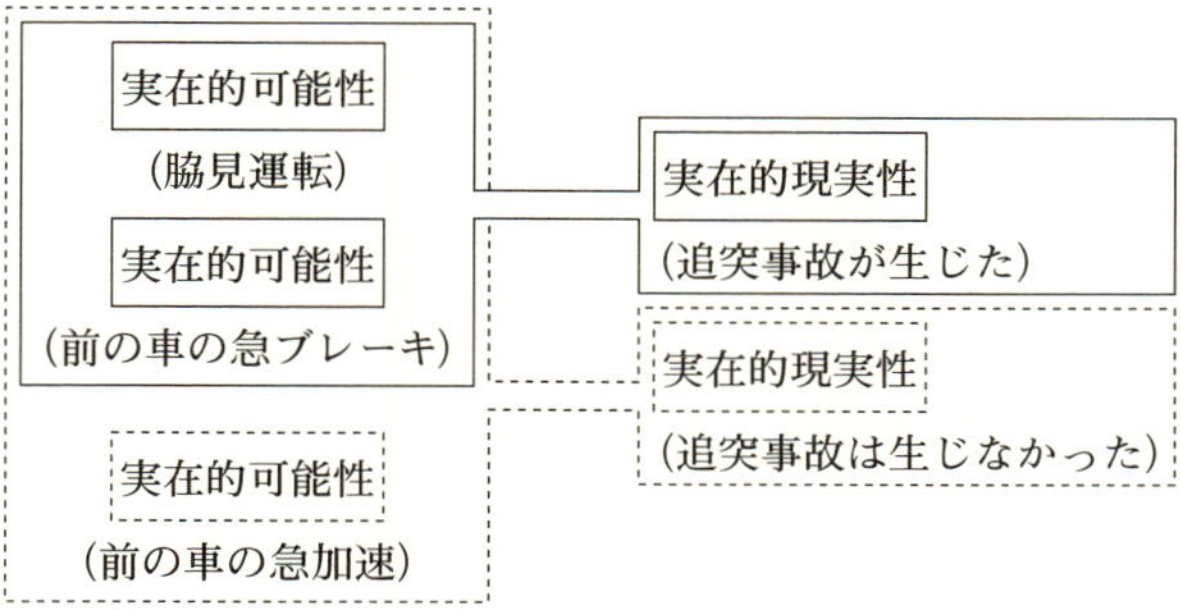

実在的可能性＝偶然性＝実在的現実性

図8　偶然性（3）

うした偶然的なもの――「偶然性」――なのである。むろん、ここにおいては、「実在的現実性」もまた、偶然事である（図8）。

このようにして、「実在的可能性」とは、「必然性」であると同時に「偶然性」である。すなわち、一定の「実在的可能性」からは必然的に「実在的現実性」が生じるが、しかし、どのような「実在的可能性」が成立するのかは、原理的に偶然的である。

このことの意味することは、世界の「現実」とは、すでに述べたように、ことごとく必然的であると同時に偶然的だ、ということである。追突事故が起ころうが起こるまいが、いずれにせよそれは、必然的に起こる。だが、その際どのような必然的な物事が起こるのかは、つねに偶然なのである。

現実性と可能性との同一性

ここに、いまや、先の「形式的な」観点において、先送りした問い――ヘーゲルの議論における核心的な問い――に、答えうることとなる。すなわち、そこにおいて、「偶然性」と「必然性」とに関して、こう論じられた。すなわち、「偶然性」とは、「［現実性と］可能性との直接的で肯定的な同一性」である。しかし、「必然性」もまた、まったく同様に、この「同一性」である。したがって、「偶然性」は同時に「必然性」なのであり、偶然生じた事柄は、つねに同時に、必然的に生じたのでもあるのである、と。ただ、このことは、かの観点においては、単に形式的に予告されるのみで、「必然性」のあり方と、「偶然性」のあり方とが同一であるということ、また、偶然生じたことが、つねに同時に、必然的に生じたことでもあるということについて、なぜそう言いうるのかは、答えられないままであった。

その答えが、いまや全面的に、与えられうることになろう。というのも、いましがた、「実在的可能性」とは、「現実性」［＝実在的現実性」の、その反対［＝実在的可能性」への直接的な転倒」であるとされ、それによって「必然性」と「偶然性」との一体性が説かれたわけだが、ここにおけるこの「転倒」こそが、「形式的な」観点において提示された「現実性と可能性との直接的で肯定的な同一性」の内実にほかならないからである。

すなわち、この「転倒」とは、「実在的現実性」が、「実在的可能性」へと「直接的に転倒」するということであった。たとえば、追突事故という「実在的現実性」②が、かの「実在的可能性」①へと「直接的に転倒」する。それによって、「実在的可能性」が、まさにこの「実在的可能性」として確定したのである。こうした「直接的な転倒」という事態において見て取りうることは、「実在的可能性」と「実在的現実性」とは、まさに、まったく同一の事柄なのだ、ということである。

振り返るならば、かの「実在的可能性」①と「実在的現実性」②とは、明らかに同一の事柄であろう。前の車が急ブレーキをかけて追突が避けられない状況となり、その状況が確定した（「実在的可能性」①）ということは、とりもなおさず、その追突事故が起こった（「実在的現実性」②）ということである。また逆に、この追突事故が起こったということは、かの状況が確定したということなのである。

その他の場合においても同様である。たとえば、そのときその場で、前の車が直後に急ブレーキを解除した——それによって、追突が回避される状況となった——ということ（「実在的可能性」）があったとすれば、それは、とりもなおさず、そのときその場で、その追突事故は起こらなかったということ（「実在的現実性」）にほかならない。また逆に、そのときその場で、その追突事故が起こらなかったということは、そのときその場で、たとえば、前の車が直後に急ブレーキを解除した——それによって、追突事故が回避される状況となった——ということなのである。

「実在的可能性」と「実在的現実性」は、こうして完全に同一的な関係にある。そして、この同一的な関係こそが、まさに、「形式的な」観点において述べられた、「現実性と可能性との直接的で肯定的な同一性」ということの内実にほかならないのである。すなわち、「形式的な観点」においては、「現実性」と「可能性」とは、単に一つの出来事が二重化されて捉えられただけであった。たとえば、追突事故が起こったとすれば、「現実性」（「形式的現実性」）とは、それが起こったことであり、「可能性」（「形式的可能性」）とは、それが起こりえたことである、と捉えられるにとどまった。それゆえにまた、この「同一性」が「必然性」でもあるということが、明らかにならないままであった。だが、いまや、「実在的な」観点において、「可能性」の内容が把握されるに至っている。すなわち、それは、かの「実在的可能性」（①）として、内容豊かに捉えられている。ここにおいて、こうした「可能性」は、「現実性」（「実在的現実性」（②））の「直接的な転倒」であることによって、まさに「現実性」と同一的な関係にあるのである。

こうした「現実性」（「実在的現実性」）と「可能性」（「実在的可能性」）との同一的な関係性——前者の後者への「直接的な転倒」——が、まさに、「形式的な」観点における「現実性と可能性との直接的で肯定的な同一性」なのであり、その内実にほかならないのである。

そうであることにおいて、「形式的な」観点においては明らかにならなかったこと、すなわち、「偶然性」と「必然性」との構造的な一体性が、明らかとなるのである。

あらためて、この一体性が、どのように明らかとなったのか、を見ておこう。

これまでの議論によれば、「実在的現実性」と「実在的可能性」とは、後者が前者の「直接的な転倒」なのであり、そうであることにおいて、「直接的肯定的に同一」なのであった。まずは、こうした同一的な関係にある「実在的現実性」と「実在的可能性」とが、必然的な関係にある。つまり、後者によって、前者が必然的に生起する（「実在的必然性」）。この必然的な関係性は、まさにこの同一的な関係性において成立している、と言っていい。かの「実在的可能性」①と「実在的現実性」②とは、同一的な関係性にあり、まさにこの関係性のゆえに、両者は必然的に関係する――両者は同一だからこそ、①が生ずれば、必ず（必然的に）②も生じる――。この同一的な関係性こそが、両者の間の「必然性」つまり「実在的必然性」そのものである。

ところで他方また、「実在的可能性」と「実在的現実性」との、この同一的な関係性こそが、両者の「偶然性」でもある。すなわち、この両者は、同一的な関係性にあることにおいて、どちらかがどちらかによって生じる、というわけではない。そうではなく、両者は、あるときたまたま端的に同時に生じる。つまり、いましがた見たように、「実在的現実性」（たとえば、追突事故②）が、たまたま起こったことによって。ここに、この両者は、その全体、および、それぞれが、総じて偶然事（「偶然性」）なのである。

こうして、この両者が同一的な関係性にあるということこそが、両者の「偶然性」そのものなのである。

このように見るならば、「形式的な」観点において予告されたことが、ここ、「実在的な」観点において明らかにされていることが、了解されよう。「偶然性」と「必然性」とは、同一のあり方——「現実性と可能性との直接的で肯定的な同一性」——において成立する。あるいは、両者は、いずれもが、この「同一性」そのものなのである。それゆえに、世界に起こる「現実」は構造的に、偶然的であると同時に必然的であり、必然的であると同時に偶然的である。

一切は、必然的に生じるのだが、しかしまたそれは同時に、ことごとく偶然的に生じてもいる。あるいはまた、その逆でもある。こう、ヘーゲルは論じるのである。

第3節　ヘーゲルの様相論は「十分な理由」論である

ヘーゲルの様相論、つまり、最終的に必然性論へと収斂する目下の論議の核心がここにある。すなわち、「必然性」と「偶然性」とは、内的に同じ構造をしている。つまり、いずれもが「現実性と可能性との同一性」において成立する、というのである。そして、私たちが、こうしたヘーゲルの論議を追ったのは、まずは、因果関係から十分な理由の関係へという私たちの議論が、ヘーゲルのここでの論議に基づいたものであるということを、確証するためであった。また、この確証は、「必然性」と「偶然性」とが同一構造であり、そうであることにおいて、一体のものであるという、目下の議論においてこそなされうるものであることを、先に述べた。

いまや、この両者の一体性の論議がたどられたわけだが、ここにおいて、私たちがなすべき確証が、現になされうることとなろう。重要な点は、「必然性」と「偶然性」とが、同一の内的構造において成立しているということ、とりわけ、「必然性」が、「実在的現実性」と「実在的可能性」（一定の複合的な「実在的可能性」）との「同一性」において成立する、ということである。

「十分な理由」論としての様相論

さっそく、「必然性」（「実在的必然性」）のこの内的な構造に着目するならば、ある物事、たとえば、かの追突事故②が必然的に起こるのは、かの一定の複合的な「実在的可能性」①が、成立することにおいてである。この成立において、必然的に、追突事故②が起こるのである。そこでまず見たいことは、では、このようにして、それが成立することにおいて、追突事故②が必然的に生じるに至る「実在的可能性」①とは、いったい何なのだろうか、ということである。

すでに明らかと思われるが、それは、決して原因ではないのである。というのも、ここにおける「実在的可能性」①は、それによって生じるに至る「実在的現実性」（追突事故②）と同時で同一であるという、同一性の関係にあるのだからである。脇見運転をしていた、そのときに、前方の信号が赤となり、前の車が急ブレーキをかけたということ、そして、その後追突事故が現に発生するまで特別な何事も起こらなかったということ、このことは、決して、追突事故が起こった原因ではないのである。では、何なのかといえば、それは、追突事故が起こった十分な理由なのである。つまり、それは、追突事故という実際に起こった事柄の説明的な再構成にほかならないのである。

同じことは、一つ、追突事故に関してのみならず、火災や、ビリヤードボールの動きや、その停止、また、その他、さまざまな災害や疾病等々のあらゆる場合に関して言いうる。総じて、ある物事が必然的に生じるに至るのは、決して原因によってではない。そうではなく、一定の複合的な「実在的可能性」によって、つまり、十分な理由によって、なのである。

ここに見て取りうることは、ヘーゲルの目下の議論において、私たちの論じる十分な理由の議論が、先取り的に展開されている、ということである。

振り返るならば、マッキーの「US条件」、あるいは、ダメットの（「原因」+「型どおりの事柄」）、そして、私たちの定式化した（「原因」+「その他の自明の事柄」）等は、十分な理由にほかならなかったわけだが、それらは、ヘーゲルの議論によるならば、まさに、一定の複合的な「実在的可能性」にほかならないのである。そして、それがまさに、十分な理由にほかならないのである。

ヘーゲルの様相論における遠隔の原因

ところで、それでは、ヘーゲルの議論において、「原因」とはいったい何に対応するのだろうか。それも、すでにほぼ明らかだろうが、それは、一定の複合的な「実在的可能性」における、一つ一つの「実在的可能性」に当たるのである。それはまさに、追突事故における脇見運転であり、さらには、赤信号による前の車の急停止である。また、場合によっては、追突事故に至るまでのブレーキの利き具合なども、追突事故の「実在的可能性」となりえよう。火災の場合では、先に挙げた「INUS条件」の一つ一つ、すなわち、電気のショート、近くの紙の存在、カーテンの存在、途中で火災のプロセスを阻止する何事も生じなかったこと等が、それぞれ火災の「実在的可能性」——実際に火災を引き起こしうるもの——である。そして、こうした一切が、通常は「原因」と捉えられるのである。

こうした「原因」とは、先の議論によれば、総じて「遠隔の原因」ということになるわけだが、とにかくもまずは、ヘーゲルの言う一つ一つの「実在的可能性」とは、私たちの通常の了解における「原因」（「遠隔の原因」）を意味しよう。

そうであることにおいて、ヘーゲルはまた、いわゆる「原因」が必然的に「結果」を引き起こすことは決してない、と論じているのである。というのも、いわゆる「原因」とは、ある物事（結果）を引き起こす単なる一つの「可能性」にすぎないのだから、と。

時間的に先立つ何らかの「原因」（かの「遠隔の原因」）が、結果を必然的に引き起こすなどということは決してないのである。

ヘーゲルの様相論における直近の原因

「原因」が、「結果」を必然的に引き起こすとすれば、それは、先の議論によれば、「遠隔の原因」ではなく、かの「直近の原因」である。この場合は、「原因」は、たしかに結果を必然的に引き起こす（「原因的必然性」）。灰皿の動きを阻止していた文鎮を取り除いて押せば、灰皿は必然的に移動する。また、「遠隔の原因」も、「型どおりの事柄」を取り込めば、その総体（「原因」＋「型どおりの事柄」）——つまり、「US条件」——が、「直近の原因」と同構造（結果と同時で一体）となり、この総体が必然的に結果（追突事故や火災など）を引き起こすことになる。

こうした「直近の原因」は、明らかに、ヘーゲルの言う、かの一定の複合的な「実在的可能性」の全体に対応しよ

「原因」　　　＝「遠隔の原因」＝一つ一つの「実在的可能性」
「十分な理由」＝「直近の原因」＝一定の複合的な「実在的可能性」

図９　因果概念と様相概念との対応

う。灰皿の動きを阻止していた文鎮を取り除くこと、そして、灰皿を押すこと――このことが、灰皿が移動するという結果に対する「直近の原因」であるわけだが、それは明らかに、この結果（「実在的現実性」）を必然的に生起させる、一定の複合的な「実在的可能性」にほかならない。追突事故においても同様だろう。すなわち、脇見運転をしていた際に前の車が急ブレーキをかけ、追突事故をおよそ回避できない状況となり、かつ、追突事故が生じるまで特別な何事も起こらなかったということは、一種の「直近の原因」であるわけだが、これはまさに、かの複合的な「実在的可能性」（①）の全体にほかならない（図９）。

こうした一定の複合的な「実在的可能性」が、もはや「原因」と捉えられるべきでないということ、それは、十分な理由と捉えられるべきなのだということ、このことがヘーゲルの議論において先取り的になされているということについては、すでに述べたとおりである。

ただ、さらになお見て取られるべきことは、このようにしてヘーゲルは、いわゆる「直近の原因」もまた、一つの「可能性」（一定の複合的な「実在的可能性」）なのだ、と論じている、ということである。すなわち、たしかに、「直近の原因」は必然的に結果を引き起こす。その限り、これまでの議論によれば、「直近の原因」には、たしかに「原因的必然性」が存している。しかし、にもかかわらず、この場合でも、どういう結果になるのかは、実際に起こってみなければ分からないのであった。たとえば、文鎮を取り除いて灰皿を押したとしても、依然として灰皿は移動しない可能性があるのである。灰皿が実はテーブルに固定されていたのだとすれば、やはり、灰皿は動かない。追突事故の場合でも、もとより、かの「直近の原因」がまさに「直近の原因」として成立したとすれば、それによって、この事故は必然的に起こるわけだが、しかし、実際にそうなるかどうかは、結局、その事故が起こってみなければ分らない。つまり、結果を必然的に引き起こす「直近の原因」においても、その「必然性」とは、実はまずは、「結果的な必然性」なのであった。「直近の原因」においてさえも、実に、結果はやはり起こってみなければ、どうなるかは分からない。あることが起こってはじめて、「直近の原因」そのものが確定し、したがってまた、その必然性が成立するのである。

すでに明らかだろう。こうしたことこそが、まさにヘーゲルの目下の議論において説かれたことなのである。すなわち、それによって、ある物事が必然的に生じる「直近の原因」とは、総じてあくまでも「可能性」(「実在的可能性」)なのだ、と。そうであることにおいて、必然的に起きること――灰皿が動いたり動かなかったり、追突事故が起こったり起こらなかったりすること――はまた、総じて、同時に偶然的に起こっていることなのだ、と。

このように見るならば、これまでの私たちの原因・結果に関する批判的諸議論、そして、原因・結果のいわば真相としての十分な理由の論議が、ここ、ヘーゲルの様相論(必然性論)において、先取り的になされているということ、このことを私たちは十分に確証することができよう。

そこで、いまやなされるべきことは、目下のヘーゲルの論議に基づいて、十分な理由の世界――十分な理由に満たされつつも、そのうちで私たちが自由に振る舞う、この私たちの世界――のあり方を、鮮明に、そして、生き生きと描き出すことである。そのために私たちは、ヘーゲルの「絶対的な」観点からの論議に踏み入ることとしよう。

第4節　絶対的な観点による必然性から自由へ

「現実性」、「可能性」、そして、「必然性」、「偶然性」という諸様相が、これまでにおいて、「形式的」および「実在的」観点から論じられてきた。それを踏まえて、いまやヘーゲルは、これらを「絶対的な」――つまり、絶対的に真である――観点から論じる、という。

絶対的現実性（1）――その定義

では、まずは「絶対的」観点から捉えられた「現実性」（「絶対的現実性」）――真の「現実性」――とは、どういうものなのか。それについて、ヘーゲルはこう言う。

> したがって、ここ〔実在的な観点〕においては、必然性と偶然性との統一が、それ自体存在している。この統一は、絶対的現実性と名づけられるべきである。(213)

このいわば定義によれば、「絶対的現実性」は、すでに「実在的な」観点において、成立してしまっているかのように読める。というのも、「実在的な」観点において、すでに「必然性」は同時に「偶然性」である――両者はまったく同じあり方である――、とされており、したがって、そこにすでに、「必然性と偶然性との統一が、それ自体存して」いた、ということになり、それゆえに、ここでの定義に従って、「絶対的現実性」がすでに成立してしまっている、つまり、「実在的現実性」が、そのままですでに「絶対的現実性」である、というように見うるからである。

しかし、一歩立ち入ってみるならば、実は、ただちにそうである、ということにはならないのである。というのも、かの「実在的な」観点においては、なお、「必然性と偶然性との統一」が、真に存しているとは言えない、とも見うるからである。

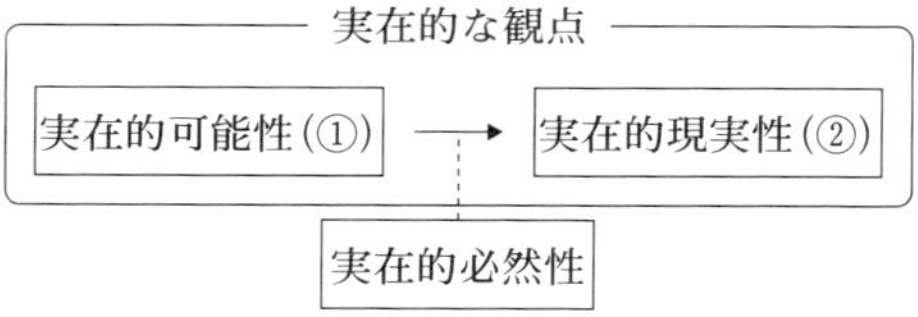

図10　実在的必然性（3）

まずは、「偶然性」の論議を振り返るならば、「偶然性」は、「現実性」および「可能性」のそれぞれ、もしくは、その全体において成立した。たとえば、かの追突事故という「実在的現実性」（②）は、かの「実在的可能性」（①）によって発生したわけだが、しかし、その際、この「現実性」と「可能性」とのいずれもが、この事故が起こった、その瞬間に同時にそのものとして成立した。そうであることにおいて、この全体が、したがって、また、このそれぞれが、偶然生じたのであった。

「偶然性」とは、こうして、「現実性」および「可能性」のそれぞれ、もしくは、その全体において成立するのである。

これに対して、「必然性」は、「現実性」や「可能性」のそれぞれ、もしくは、その全体において成立するのではなく、あくまでも両者の関係として成立する。すなわち、かの「実在的可能性」（①）において、かの追突事故という「実在的現実性」（②）が、「必然的に」起こった、というように。この関係を矢印（「→」）で表示し、図式化しておくならば、目下の事態とは、(「実在的可能性」→「実在的現実性」)ということになろう(図10)。

ここにおいて、「必然性」(「実在的必然性」)とは、あくまでも「可能性」と「現実性」との間の関係(かの矢印(「→」))なのであり、この全体(「可能性」→「現実性」)が、必然的に起こる、つまり、「必然性」であるということはない。この全体は、あくまでも偶然生じるのである。また、たしかにこれまでにおいて、「実在的可能性」が「必然性」である、と表現されもした。しかし、「実在的可能性」が、それ自体必然的に生じるということはない。それが「必然性」であるということの意味は、やはり、それによって「実在的現実性」が必然的に生じるということ——つまり、かの矢印(「→」)によって示される事柄——であろう。そして、「実在的現実性」も同様だろう。たしかにそれは、必然的に生じる。しかし、この「必然性」も、やはり「実在的可能性」において必然的に生じるという、関係(「→」)の「必然性」なのである。

このように見るならば、「実在的な」観点においては、「必然性」と「偶然性」とは、依然異なるあり方をしており、両者に関して、真の統一、真の一体化はなされえていない、と言うこともできるのである。

必然性と偶然性との統一

だが、なお一歩踏み込んでみよう。たしかに、「可能性」と「現実性」との関係は、前者において後者が生じるという、かの矢印(「→」)で表示されうる関係ではある。しかし、他方、すでに論じたように、この両者の関係は、すでに完全な同一性であると捉えられたのである——「実在的可能性」(①)=「実在的現実性」(②)——。

そうであるとするならば、そこに存しているのは、ただ一つの「現実」、つまり、たとえば、ある運転者が脇見をしていた折に、前の信号が赤になり、前の車が急ブレーキをかけ、かの運転者がハッとそれに気づいてやはり急ブレーキをかけたが間に合わず、追突事故が起こったという、この一つの一連のプロセスであり、この一連のプロセスのみである。

この一連のプロセスは、先に見たように、その全体が「偶然性」である。しかも、この全体が「偶然性」であるということは、さらには、そのプロセスにおける個々の事態もまた「偶然性」――偶然生じたこと――である、ということである。つまり、この全体が、この通りに起こったかどうかは分からない。別様でもありえた。ということは、とりもなおさず、このプロセスの一コマ一コマが別様でもありえた、ということなのである。目下の例で言えば、その最後の段階に、急ブレーキの解除やスリップなどもありうるわけだが、実は、その途中においても、前方の信号が突然の停電で消えてしまった、ということが起こらなかったとも限らない。ひょっとすると、突然大地震が起こって、大混乱となったかもしれない。しかし、いま事態は、かの一連のプロセスとなった。それは、たまたま、そのようなことが途中において一切起こらなかったからであり、つまり、偶然、そのようであったのである。

では、「必然性」(「実在的必然性」)に関しては、どうなのだろうか。ここにおいては、かの「実在的可能性」(①)と「実在的現実性」(②)との区分、もしくは、区切りがなくなっており、ただ一連の流れがあるのみである。そうであることにおいて、「必然性」はおよそ関与しないものとなってしまっているのだろうか。

しかし、むろんそうではない。この一連の流れにも、きちんと「必然性」が存している。その必然性とは、先の因果論の論議に立ち返れば、一連のプロセスにおける、そのつどそのつどの直近の因果間の必然性――たとえば、そのつどのフェルト面の抵抗と転がっているボールの減速との必然的関係性――である。この必然性とは、目下の観点からするならば、そのつどそのつど十分な理由において成立する必然性にほかならない。

こうした必然性は、追突事故の例においても、単に、「実在的可能性」（①）と「実在的現実性」（②）という、区分されたこの両者の間にのみ成立している関係性ではない。むしろそれは、「実在的現実性」（②）へと至る「実在的可能性」（①）の全体において、つまり、かの一連のプロセスそのもののうちにおいてこそ、存している。すなわち、追突事故が起こった。とすれば、私たちは、その結果が生じた必然性を、一コマ一コマ、追突事故（「結果」）から脇見運転（「原因」）に至るまで、また逆に、後者から前者まで、たどるわけである（たとえば、警察の現場検証において）。ということは、この一コマ一コマが必然的なのだ、ということである。

このように見るならば、あらゆる物事の一連のプロセスの一切を貫いて、やはり必然性が存している。そのプロセスの全体を、必然性が貫いているのである。

このようにして、物事の一連のプロセスは、総じて必然性に貫かれている。その一コマ一コマが必然的である。しかしまたそれは、総じて「偶然性」によっても貫かれている。つまり、そのプロセスの一コマ一コマが、偶然的でもあるのである。そうであるとするならば、ここに、「必然性」と「偶然性」とは、完全に統一され、一体のものとなっている、ということになろう。

念のため、この両者の一体性をもっとも単純な例に即してなお具体化しておくならば、いま、フェルト面をビリヤードボールが、一直線にころころと転がっている、とする。とすれば、このことは、それを妨害する何事も生じない限りにおいて、必然的に生じていることである。つまり、誰もそれを止めようと手を出すこともせず、フェルトを張った台の足が突然破損して台がグラッと傾くこともなく、また、地震などが起こることもないとするならば、その限

実在的可能性 ＝ 実在的現実性 ＝ 偶然性 ＝ 必然性

図 11　偶然性＝必然性

りにおいて、そのこと——ビリヤードボールが、ころころと一直線に転がっていること——は、一貫して必然的に生じていることである。むろんまた、ここにおいて、そのボールは、そのつどフェルト面等の抵抗を受けて、そのつど減速しているし、そのつど微妙な方向のずれをも引き起こしているわけだが、それもまた、そのつどの抵抗等によって、そのつど必然的に生じていることである。こうして、このボールの運動のプロセスは、そのつどそのつどの、そしてまた、一貫した必然性——十分な理由における必然性——によって貫かれている。

だが、このボールの運動は、すでに明らかなように、同時にまったく偶然的である。すなわち、途中で誰かが手を出してボールを止めてしまうかもしれないし、台が壊れるかもしれないし、また、地震が起こるかもしれない。フェルト面等の状態は、ボールが転がる度毎に異なるかもしれない。そうしたさまざまな可能性のなかにあって、ボールは、そのつど偶然そのように、たとえば、とりわけ何事かに乱されることなく、かなりきれいに一直線を描いて転がっている。こうしてそれは、そのつどそのつどの、したがってまた、一貫した偶然性によって貫かれているのである。

こうして、このプロセスは、ことごとく必然性に貫かれていると同時に、偶然性にも貫かれている。そのつどそのつどの動きが、必然的であると同時に偶然的でもある。こうした事情は、追突事故や火災等々のあらゆる事柄に関しても同様である。

このように見るならば、ここにおいては、「必然性」と「偶然性」とは、完全に統一され、一体のものとなっている、と言いうるのである。そして、この統一は、いまや、次のように定式化することができよう（図11）。すなわち、まずは、「実在的可能性」と「実在的現実性」とが、同一性の関係にある。そして、この全体が「偶然性」に貫かれている。またさらに、これが「必然性」によっても貫かれている、と。

絶対的現実性（2）——その内実

ところで、目下のテーマは「絶対的現実性」——真に捉えられた「現実」——であった。それは、その定義によって、「必然性」と「偶然性」との統一において成立するものであった。

そうであることにおいて、「絶対的現実性」は、すでに「実在的な」観点において、ただちに成立してしまっているようにも見えた。というのも、そこにおいて、「必然性」と「偶然性」との統一が、完全に成立しているかのように、たしかにヘーゲルによって論じられるからである。

しかし、いったん立ち入って精査するならば、必ずしもそうではないことが判明した。「必然性」と「偶然性」とは、実はただちに一体である、というわけではないのである。

だが、さらに踏み込んで、ヘーゲルの「実在的な」観点からの議論を捉え返してみるならば、この両者の統一性、一体性が、実はそこに説かれている。こうした踏み込んだ捉え返しによって、この統一性、一体性が明らかになる。そして、いま、その捉え返しをし終えたことによって、この統一性、一体性が明らかになったと言いえよう。

そうであることにおいて、いまや、「絶対的現実性」の内実が露わになろう。それは、かの定式に示された「実在的現実性」、すなわち、「実在的可能性」と同一であり、かつまた、「偶然性」および「必然性」と同一である「実在的現実性」——「実在的可能性」=「実在的現実性」=「偶然性」=「必然性」——なのである。

このような「実在的現実性」が、ヘーゲルによれば、「絶対的な」観点から捉えた「現実性」、つまり、「絶対的現実性」であり、真の「現実」である。私たちの世界に生じる物事は、ことごとく、こうした「現実性」なのである。それは、もとより「現実（性）」であるわけだが、また同時に一つの「可能性」でもある。そして、それはまた、偶然的に、かつ同時に、必然的に、起こり、そして、推移するものなのである。

そして、ここにおける「必然性」こそが、ここでの最後のテーマである「絶対的必然性」なのである。

絶対的必然性とその世界

こうして「絶対的現実性」論が、「絶対的必然性」論へと展開し、これまでの議論が、この必然性論へと収斂する。ただし、その議論において、何か新たな展開があるということはない。そうではなく、これまでの「絶対的現実性」論が、ほぼそのまま「絶対的必然性」論へとスライドする。すなわち、「絶対的必然性」、つまり、真の意味での「必然性」とは、真の意味での「現実性」（「絶対的現実性」）そのものだというのである。それは、もとより「現実性」であるが、しかし、同時に「可能性」であり、また、「偶然性」でもあるという、そういう「必然性」なのだ、と。

ヘーゲルの文言によれば、こうである。

このようにして形式は、それが実現することにおいて、形式のあらゆる区別を貫き通し、自らを透明にした。(214)

ここでの「形式」とは、「必然性」、「偶然性」、そして、「現実性」、「可能性」という様相、つまり、世界のあり方であり、「形式の区別」とは、この四つのあり方の区別にほかならない。こうした「形式」は、いまや「それが実現することにおいて」、つまり、その真の（「絶対的な」）あり方において、その「あらゆる区別」を「貫き通し」、「自らを透明にした」、という。つまり、いまや、この「絶対的な」観点において、これら四つのあり方が端的に一体化し、一つになった、というのである。

ヘーゲルによれば、これが、私たちの現実の世界である。それは、「絶対的に必然的な」世界、つまり、もとよりそれは、「現実性（実在的現実性）」であるが、同時に「可能性（実在的可能性）」であり、したがって、「偶然性」であり、そして、「必然性」でもあるという、そういう世界なのである（図12）。

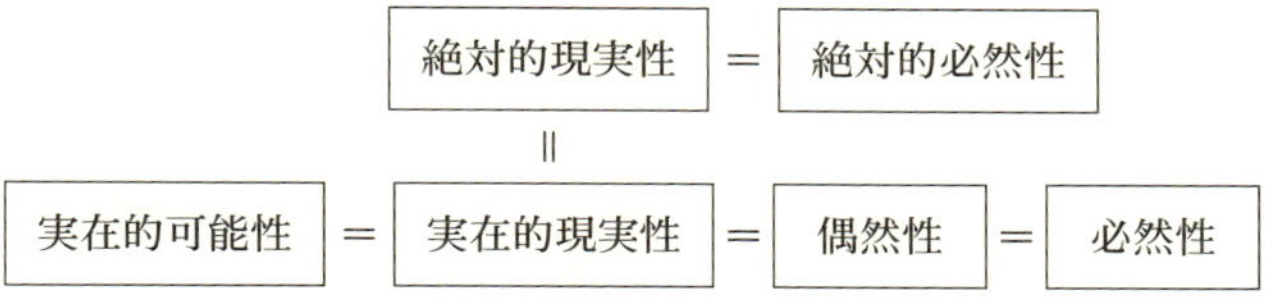

図12　絶対的必然性

もとより、このような必然性（「絶対的必然性」）は、およそ因果の必然性ではありえない。それは、「実在的可能性」と「実在的現実性」との同一性において成立する必然性であり、それゆえにそれは、「十分な理由」において成立する必然性にほかならない。私たちの世界に生じる一連の事柄は、そのつどそれが生じる十分な理由において必然的に生起する。こうした十分な理由における必然性が、私たちの世界を貫き、この必然性において、私たちの世界の一コマ一コマが生起するのである。

ただし、また、私たちの世界が、もし、このような十分な理由（必然性）に完全に満たされてしまっているのだとするならば、先に見たように、そこにおいては、一切が一般性へと解消し、私たち人間もまた、一個の精密機械となってしまう。それは、結局のところ、一切が広い意味での何らかの理論によって説明し尽くされる世界であり、典型的なイメージとしては、何らかの決定論的な自然科学的諸法則によって、すべてが了解されうる世界である。それは、宇宙ができあがったときに、完璧な十分な理由のもとで、すべてが定まってしまっている世界であり、したがって、そこには、可能性もまた、偶然性もおよそ存在しないことになろう。

こうした世界は、決して「絶対的必然性」の世界ではない。なぜなら、「絶対的必然性」の世界とは、一つの可能的な世界であり、また、一切が偶然でもある世界なのだからである。

そうであることにおいて、ヘーゲルの提示する「絶対的必然性」の世界が、十分な理由によって完璧に満たされた世界である、ということはない。もし、これによって、世界が完璧に満たされてしまっているのであれば、まさにそれは、可能性も偶然性もない、のっぺりとした必然性の世界であるということになってしまうのだから。

ここに、ヘーゲルの説く「絶対的必然性」の世界とは、まさに十分な理由の不在という欠落点がある世界なのである。

先に論じたように、十分な理由によって満たされた私たちの世界に、その理由が不在である欠落点があるということは、問題なく認めうることである。まさに、そうした十分な理由が不在であるという、理由の欠落点が存することにおいてはじめて、可能性、および、偶然性というものが、世界に存立する余地が生じるのである。

そして、こうした十分な理由が不在である理由の欠落点、しかも、その際立った欠落点が、私たち人間であり、私たち人間の自由なのである。こうした私たち人間の自由な振る舞いによってこそ、実にすぐれて世界にさまざまな可能性が生じ、世界の物事が偶然的な物事となるのである。すなわち、たとえば、私が自由であることにおいて、車を運転中のそのときに、脇見をすることも、しないことも可能であった。そうであることにおいて、追突事故が起ることも起こらないことも可能であった。そうであることにおいて、追突事故は、私がたまたま脇見をしたことによって、たまたま（偶然）生じたのである。

偶然性と自由

もちろん、私がたまたま脇見運転をしたとはいえ、先に論じたように、それは、単なる偶然ではない。それもたしかに私自身の振る舞いなのであり、その限りにおいて、私の自由な行為なのである。一般に、私の自由な行為——典型的には、私があることをしようと思ってする行為——は、偶然の出来事ではない。ただし、そうした行為も、ある観点からすれば、偶然性とまったく同じ構造をしてもいる。このことには、あらためて着目していいだろう。

先にも言及したが、敷衍しつつ繰り返せば、火災現場に居合わせた私が、その火災を消そうが消すまいが、私の自由である。ただ、その際、私が火を消そうとするか、しないかは、結局のところ、それが実際になされてみなければ分からないのである。言うならば、私は、ぎりぎりのところで、自らの振る舞い方を決める。そして、決まった限りにおいては、いずれにしても、私の振るまいは必然的である。たとえば、私が火を消そうとして、火に水をかけた。とすれば、その振る舞いは、神経細胞や筋肉等の動き、つまり、総じて、身体的な運動、そしてまた、私の意図や目的を含めて、すべてが、必然的、すなわち、十分な理由のもとに生じ、また、なされた事柄である、と見なされうる。火を消すまいとしたときもまた、同様である。

こうしたあり方は、たとえば、かの追突事故の場合と同様の構造なのである。すなわち、前の車が赤信号で急ブレーキをかけた。それで、脇見運転をしていた後続の車が追突した。しかし、この事故は、起こらないこともありえたのである。それが現に起こったわけだが、それが起こるか起こらないかは、結局のところ、そうなってみなければ分からないのである。だが、いずれにしても、そうなった限り、そのすべては必然的に——十分な理由のもとで——生じるのであった。

たとえば、こうした追突事故のあり方が、これまでの議論によれば、「現実性と可能性との直接的で肯定的な同一性」として、「必然性」のあり方であり、また、「偶然性」のあり方であったが、私たちの自由な振る舞いもまた、これとまったく同じあり方をしているわけである。

すなわち、追突事故が起こるということも、私たちがある仕方で振る舞うということ、たとえば、火を消そうとするということも、いずれも、起こってみなければ、あるいは、なされてみなければ、そのようになるかどうかは分からない（偶然性）。しかし、そのようになった——追突事故が起こった、私が火を消そうとした——限りにおいては、すべてが必然的なのである。逆に言えば、そうなった限りにおいては、すべてが必然的だが、しかし、そうなるかどうか——追突事故が起こるかどうか、私が火を消そうとするかどうか——は、あくまでも、そのようになってみなければ分からない偶然なのである。そうである限り、私は、たまたま火を消そうとしたのである。そしてまた、脇見運転に立ち返れば、私はたまたま脇見運転をしたのである。

ただし、単なる偶然的な出来事と、私たちの自由な振る舞いとは、もとより、ある点で、根本的に異なっている。それは、いうならば、偶然性の分岐点の性格という点で、である。すなわち、追突事故は、起こることも起こらないこともある。これまでに見た「実在的可能性」の総体（①）が確定したとすれば、それは起こるし、そうではなく、たとえば、前の車がスリップしたとすれば、それは起こらない。それでは、この違い、つまり、この分岐は、どのようにして生じたのか。このことを、単なる偶然事の場合には、基本的に問いうるのである。すなわち、後者の場合には、少し前に大雨が降っていて水たまりができていたのに対して、前者の場合には、それがなかったのだ、と。そして、この問いは、さらに続けうる。ではなぜ、そのときは直前に大雨が降って、かのときは降らなかったのか等々と。これに対して、私たちの自由な振る舞いに関しては、この問いが問えないのである。すなわち、私たちが、火災を消そうとしたことと、消そうとしなかったこととの違い、その分岐は、どのようにして生じたのかという、この問いが、成立しないのである。しかも、この問いが問えないということ、つまり、理由づけができない——十分な理由の不在——ということのうちには、単に理由の空白のみが存するのではない。そうではなく、先に論じたように、そこにこそ、ほかならぬこの私がいるのであり、私の個性・特有性が存しているのである。そうであることにおいて、まさに私たちは自由なのであり、私たちの振る舞いは、自由な振る舞いなのである。

そうではある。しかし、目下の議論に立ち返れば、私たちの自由な振る舞いもまた、偶然性とのある構造的な同一性のゆえに、偶然性というあり方を共有してもいる、ということである。そうであることにおいて、私たちは、こう了解しもする。あの人は、あるいは、私は、そのときたまたまフッとそうしようとしたのだ。そのときたまたま、フッと、脇見運転をした、あるいは、居眠り運転をしたのだ。フッとそのまま火を消さないでおこうという気になってしまったのだ。魔が差したのだ。あるいは、そのときたまたまそうした作品が産み出された、フッと神が降りてきたかのように、と。

そして、典型的には、こうした私たちの振る舞いによってこそ、実にすぐれて、私たちの世界にさまざまな可能性が生じ、物事が偶然的な物事となるのである。

自由へと高まる必然性

このように見るならば、ヘーゲルの「絶対的必然性」とは、一方で、これまでに述べたように、十分な理由において成立する必然性である。しかし、他方、同時にそれは、十分な理由の不在ということ——つまり、典型的には、私たち人間が自由に振る舞うということ——を、包摂しているのである。それは、十分な理由の不在、典型的には、私たちの自由な振る舞いを包摂しつつ、そのつど十分な理由において成立する必然性である。そうであるからこそ、それは同時に、現実性でありつつ可能性でもあり、つまり、偶然性なのである。

「絶対的必然性」とは、こうして、私たち人間の自由を包摂している。そしてまた、それは、典型的には、すぐれて私たち人間が自由であるということ、このことによってこそ、成立するのである。そうであることにおいて、また、このように言うことができよう。すなわち、「絶対的必然性」とは、まさに私たち人間がすぐれて自由に振る舞う世界のあり方そのものなのだ、と。

また、さらに同時に、こうも言いえよう。すなわち、私たち人間の自由な振る舞いも、そのつどなされた限りにおいて「必然的」でありつつ、「偶然性」というあり方をも共有し、したがって、「現実性」でありつつ「可能性」でもあるという「絶対的必然性」のあり方をとるものである、と。むろん、とはいえ、私たちの自由が、「絶対的必然性」もしくは偶然性に解消してしまうわけではない。そうではなく、むしろ逆に、「可能性」=「現実性」=「偶然性」=「必然性」という「絶対的必然性」を、私たち人間の自由が、いわば回収している、つまり、自らの一面としているのである。

こうして、「絶対的必然性」とは、私たちが自由に振る舞う世界のあり方そのものであり、また、ある観点から見た、私たちの自由な振る舞いの仕方そのものなのである。そして、こうした「絶対的必然性」は、まさに、私たちが自由に振る舞うということ、すぐれて、そのことにおいてこそ成立する。私たちが自由に振る舞うということ、私たちが自由であるということ、このことこそが、すぐれて「絶対的必然性」の成立する根拠なのである。ヘーゲル的に言えば、こうである。すなわち、「絶対的必然性」の真理とは、「自由」である、と。

ヘーゲルはまた、これを、こう表現する。

そして、必然性は、自由へと高められる。(239)

私たちが自由であるということ、すぐれてこのことにおいてこそ、私たち自身、および、私たちの住む世界が、「絶対的に必然的」でありうるのである。

おわりに

現代における科学とりわけ自然科学の進展は、もとより目を見張るものがあろう。一般にニュートン力学に取って代わるものと見なされるであろう相対性理論、量子論、熱力学、さらにはカオス理論等々。こうした諸理論の隆盛のもとで、「偶然性」や「確率」といった観点が、大きく注目されるにいたり、「必然性」――すなわち、一定の原因があれば、必ず一定の結果が生じるという因果必然性――は、ずいぶんと背後に退いてしまったかのように見える。実際、因果必然性という私たちの了解パターンは、ときに言われるように、たしかに、すでに乗り越えられたとされる古典的なニュートン力学と相即的なものなのであろう。というのも、物体に一定の力が加わったり、物体どうしが衝突すれば、その結果、総じてそれらの物体は、絶対的必然的に、一定の仕方でその動きを変えるという、ニュートンのこの運動の法則は、因果必然性とぴったり符合するように見えるからである。

しかし、そうであるからといって、因果必然性、もしくは一般に、因果関係なるものが、ニュートン力学と同様に、もはや時代に乗り越えられてしまった過去のものであるとは、およそ言えないだろう。もとよりニュートン力学は、私たちの日常生活においては、依然このうえなく重要な役割を果たし続けている。そして、このこととやはり相俟ってであろうか、因果関係という了解パターンは、いまなお一般に私たちの世界観を強力に決定づけているのである。それのみではなく、また、この了解パターンは、現代科学においてもなお一定の役割を果たし続けているという。また、こういうことも言えよう。すなわち、自然科学の進展に即してのみ、こうした私たちの根本的な物事了解のパターンを見て取ろうとするのであれば――それゆえに、因果の了解パターンはすでに過去のものであると考えるのであれば――、それは、単にその時代時代の自然科学の上澄みだけを取り込んでものを見ようとする、安易な考察態度に堕しかねないだろう、と。

いずれにしても因果関係というものは、私たちにとって決して過去のものではないだろう。それどころか、実際それは、いまなお私たちの物事の捉え方や世界の了解の仕方を根本的に規定している、私たちにとって最も重要な関係性である、と言うこともできよう。しかし他方、私たちにとってこのうえなく重要なこの関係性は、とりわけ私たちの自由との関係で、それ自体、ぬきさしならない問題を孕んでいるのである。それゆえにこそ、私たちはそれを、とにかくも一度そのものとして取り上げ、その内実を徹底して露わにするべきなのである。

私たちは、本書でその試みを行なった。その結果露わになったことは、こういうことであった。すなわち、因果関係というものは、実は、それ自体欠陥を含んでいる。しかも、その欠陥はかなり致命的なものであり、したがって、この関係は、ある別の関係として捉えなおさざるをえないのである、と。そして、その別の関係とは、十分な理由とその帰結という関係なのであった。つまり、私たちがしばしば口にする因果必然性とは、実は、十分な理由とその帰結との間の必然性である、ということなのである。世界は、因果必然性によってではなく、実は、十分な理由とその帰結との間の必然性によって満たされているのである。

だが、こうした論議は、なお、次のような疑義をよび起こすかもしれない。すなわち、現代においては「必然性」は――因果必然性であろうと、十分な理由の必然性であろうと――、やはり大きく背後に後退してしまっているのではないか。いまや、まずもって着目し論ずべきは、もはや「必然性」ではなく、「偶然性」そして「確率」なのではないか、と。そして、「偶然性」が「必然性」とまったく相対立するものであるかのようにして、ときに「原始偶然」、「純粋偶然」といったことが語られるのである。しかし、このような疑義に対しては、再度疑義が呈せられるべきだろう。はたして「必然性」を伴わない「偶然性」といったものがありうるのだろうか、と。問題は、基本的には、依然として「必然性」なのではないか、と。

日常的なサイコロの例を見てみよう。もとより、振ってみて、一から六の間のどの数が出るかは、偶然である。しかし、ここにもやはり「必然性」が不可分に関わっていよう。それは、サイコロを振った場合、必ず一から六の間のどれかの数が出るという——それ以外の数が出ることは決してないという——必然性である。この必然性のもとで、たとえばいま偶然四が出たのである。ここに、どの目が出るかという「偶然性」は、間違いなくこの「必然性」のもとにあろう。

こうした「偶然性」と「必然性」との相即性は、たとえば、あるときサイコロを振ったところ、思いもかけず七が出たとか、あるいは、どの数も出なかった——たとえば、サイコロが、一つの角を下にして、いわば独楽《コマ》のように立ってしまった——とかという事態が生じたというような場合を考えてみれば、いっそう明らかとなろう。すなわち、このとき私たちは、「偶然」七が出たとか、「偶然」どの数も出なかったとか、と言うだろうか。決して言わないだろう。私たちは、まずはびっくりし、そして、なぜそうなったのか、その「(十分な)理由」、つまりその「必然性」を求めようとするだろう。それが分かってはじめて私たちは、ああ、そのときたまたま(「偶然」)七などという数が出たのだ、そのときたまたまサイコロは独楽のように立ってしまったのだ、と安心して言うだろう。

このように見るならば、「偶然性」はつねに、「必然性」と一体なのではないか。むろん、この「必然性」は、必ずしも一義的に確定される必然性（一〇〇パーセントの確定性）ではない。サイコロを振って、必ず四が出るということは決してない。いうまでもなく、ここに関与するのが、「確率」（「蓋然性」）である。もとより、「確率」（「蓋然性」）の意味するものは「偶然性」である。偶然的な事象だからこそ、「確率」が問題になる。しかし、それはまた、つねに同時に、「必然性」をも意味しよう。というのも、それは、ある一定の事柄が必ずある一定の確率で生じるという、「必然性」にほかならないのだから。そして、このことは、一つサイコロに関してのみでなく、広く一般的に言えるのではないだろうか。

むろん、たしかに、確率的にも捉えられない――確率的な必然性（「蓋然性」）も見いだせない――偶然的な出来事といったものもありえよう。たとえば、つるつるに磨いた球を、針のようにとがった棒の先端に真上から落とした場合、この球が、この先端に衝突後、どの方向に向かって落下していくかは、およそ定まらない、つまり、まったくランダムで、いかなる確率も成立しない、という（「純粋偶然」）。たしかに、そうなのだろう。しかし、このような場合でも、そこには、ある必然性が不可分に関与しているということは、見て取られるべきだろう。すなわち、この球は、もとより、どの方向に転がっていくかは、まったく不確定である。しかし、いずれにしても、この球は、必ず（必然的に）どちらかの方向に向かって、一定の仕方で落下していくのである。つまり、この球が、フワフワと飛んでいってしまうとか、落下の途中で止まって宙に浮いてしまうということは、決してないのである。そのようなことが起こったとすれば、それは、サイコロの七の目が出たときと同様で、決して偶然だとは言えまい。それが偶然事である限りは、間違いなく、かのいわば必然性の枠内に収まっているのである。

そうであるならば、やはり「純粋偶然」も、「必然性」と不可分のものだろう。ただ、この場合、この枠内には、何の秩序も存しない、いわば秩序の空白のみがあろう。だが、通常はやはり、そうした空白のうちにも、何らかの秩序が見いだされようとするのではないだろうか。つまり、偶然事には、通常はやはり必然性の内実（確率的な必然性）が、求められようとするのではないだろうか。だからこそ、人間の自由な振る舞いでさえ、本論で述べたように、形式的には偶然性と同じあり方をしていることから、しばしば確率的な必然性（蓋然性）に回収されようとするのである。

もとより「偶然性」については、周到な議論がなされるべきであろう。しかし、あらゆる「偶然性」が、このようにして、つねに「必然性」――通常、内実ある「必然性」――と表裏一体のものであると、言うことができるように思われる。とりわけ熱力学やカオス論等において注目を集める、偶然性（非決定性、予測不可能性）なども、まさに確率的な必然性（「蓋然性」）と不可分だし、また、カオスなる事象なども、数学的な観点からすれば、決定論的に必然的なものなのだという。

一転して「原始偶然」という世界のはじまりに関する「偶然性」などに目を転ずれば、そこにおいては、世界は、およそ何の必然性もなく、あるとき「偶然」、突如として存在し始めたのだ、といわれる。しかし、そんなことがありうるのだろうか。誰もが不審に思う。だからこそ、それは、通常の単なる偶然とは異なる「原始」偶然なのだと言って、神秘のベールでくるむ。神秘のベールでくるんでしまえば、何でもあり、というわけだが、そこにつきまとう、いぶかしさ・いかがわしさは、いかんともしがたい。宇宙の始まりとされる大爆発《ビッグバン》にも、やはりその必然性が存さなければならないだろう。

少し話が長くなったが、述べたいことは、現代科学をめぐってときに強調される「偶然性」・「確率」なども、「必然性」と表裏一体なのではないか、あるいは、「必然性」のうちに回収されているのではないかということであり、また、科学理論とは、いうならば、この「必然性」の理論化にほかならないのだろう、ということである。

このように見るならば、問題は、基本的にはやはり「必然性」なのだと、そして、世界は根本的に、「必然性」で満たされているのだと、言うことができるのではないだろうか。世界は、私たち人間の自由という、「十分な理由」(「必然性」)の欠落点を含みつつも、「十分な理由」すなわち「必然性」に満たされている、と本論で論じた。ついては、現代科学の世界像もまた、ほぼ同様なのではないか。すなわち、それによれば、世界は、私たちの「自由」のみでなく、さらには直接に「偶然性」というある「必然性」の欠落点をも含みもち、これを回収しつつ、やはり「必然性」に満たされているのだ、と。

また、さらには、こう言うこともできようか。すなわち、現代の科学理論もまた、一つの「十分な理由」なのだ、と。それもまた、私たちの世界の出来事を説明するための、人間の立場からの「十分な理由」にほかならない、と。本論においては、「十分な理由」として提示した、きわめて広い意味での「理論」とは、科学理論としては、もっぱら初歩的なニュートン力学等の、いわば決定論的な古典的科学理論であった。そして、「必然性」とは、もっぱら一〇〇パーセント確定的な、古典的な必然性であった。しかし、この「十分な理由」という私たちの捉えた了解パターンは、さまざまな現代科学をも取り込むことが可能であり、また、その「必然性」も、確率的な必然性(蓋然性)にまでも——あるいは、場合によっては、およそ蓋然性すら存さない必然性にまでも——拡張することができようかと思う。

はじめにも述べたように、いずれにしても大事なことは、科学論に引きずられることなく、私たちの物事の基本的な了解パターンを、それ自体として正確に捉え返しておく、ということであろうと思う。そのために、繰り返しになるが、因果論の批判的な検討を行なったのである。そして、私たちの基本的な物事了解のパターンとは、実は、因果了解ではなく、十分な理由了解であるということ、また、私たちの世界のあり方とは、因果必然性ではなく、十分な理由とその帰結との必然的な関係性であるということを、明らかにしえたのではないかと思う。そしてまた、この「十分な理由」という了解パターン、および、その必然性了解は、現代科学の時代――現代――においても、十分に通用するものではないか、と思われるのである。

そしてここでまた重要なことは、こうした十分な理由における必然性は、私たち人間の自由と両立しうるということである。すなわち、私たち人間が自由であるということは、偶然性をも必然性をもいわば突き抜けて、ほかでもない私たち自身において振る舞うということでなければならないだろう。こうした自由が、十分な理由の世界、その必然性の世界において、成立する。成立しつつ、それは、現代科学の偶然性と同様に、必然性のうちに回収される。たとえば、家屋火災になりうる小さな火炎を、消すか消さないかは、私たちの自由な振る舞いにかかっている。しかし、いずれの場合でも、事は必然的に進展する。十分な水をかければ、火は必然的に消えるし、そのままにしておけば、たとえば紙はそのまま必然的に燃え続けるのである。

だが、さらにまた着目すべきことは、そのように必然性と両立し、そのうちに回収される、こうした私たちの自由によって、必然的であるこの世界が同時に、私たちにとって端的に、つまり、このうえなく明瞭に、多様で偶然的な世界ともなる、ということである。まずは、サイコロを振って、どの目が出るかは、確率的に必然的（蓋然的）であり、そうであることにおいて、偶然的である。だが、さらに、私たち人間が自由に振る舞うことにおいて、なお、このうえなく多様で偶然的な世界が、私たちの眼前にありありと広がるのである。つまり、私たちは、サイコロを振ることも振らないこともできるし、場合によっては、細工をして、時々七の目が出るようにすることもおそらくできよう。また、四までしか出ないサイコロ、八まで、十二まで、二十まで出るサイコロなど、多くの変形サイコロを作って振ることができるし、また、振らないこともできる。振るたびにキラキラ光ったり、芳香のするサイコロなども作れよう。こうしたさまざまな工夫や自由な振る舞いは、一つサイコロに限らず、無数の事柄に関して可能で、ここに、いわゆる無限の可能性が広がろう。このような現実の世界は端的に、そのつど、そのようであることもないことも可能である、このうえなく多様な偶然の世界――私たちの自由によって、たまたまそのような仕方で多様に展開する世界――である。ただし、そこでそのつど生じる物事、たとえば、あるサイコロを振ると、転がりながらキラキラ光り、そして四の目が出るといったことは、いつでも完全に、また確率的に、必然的なのである。

こうして私たちの多様な現実の世界は、もとより現実的であり、それ自体また、可能的であり、偶然的であり、そして、必然的である――ヘーゲルの言う「絶対的必然性」の世界――。そして、このような私たちの世界は、一方でたしかに、いわば自然の必然性と偶然性とによって成立する。しかし、他方それは、このうえなく明瞭な際立った仕方では、私たち人間の自由、私たち人間が自由に振る舞うということ、このことによってこそ、そうしたものとして存在するのである。

引用文献

Dummett, M. A. E., *Truth and Other Enigmas*, Harvard, Cambridge, Massachusetts, 1978. 藤田晋吾訳『真理という謎』勁草書房、一九八六年

Hanson, N. R., *Patterns of Discovery*, Cambridge, 1972. 村上陽一郎訳『科学的発見のパターン』講談社、一九八六年

Hegel, G. W. F., "Der Geist des Christentums und sein Schicksal", in *Werke in zwanzig Bänden*, Frankfurt am Main, Bd. 1, 1971. 久野昭／中埜肇訳「キリスト教の精神とその運命」（『ヘーゲル初期神学論集Ⅱ』以文社、一九七四年所収）

——, *Wissenschaft der Logik*, in *denselben Werken*, Bd. 5, 6, 1969. 寺沢恒信訳『大論理学』Ⅰ、Ⅱ、Ⅲ、以文社、一九七七—一九九九年

Hume, D., *A Treatise of Human Nature*, Oxford, 1968. 大槻春彦訳『人性論』全四巻、岩波文庫、とりわけ第一巻、一九七三年

Kant, I., *Kritik der reinen Vernunft*, 1787. 高峯一愚訳『カント　上　純粋理性批判』（『世界の大思想15』）、河出書房新社、一九七四年

黒田亘『経験と言語』東京大学出版会、一九七五年

Leibniz, G. W., *Monadologie*, 1720. 清水富雄／竹田篤司訳『モナドロジー』（『世界の名著25　スピノザ　ライプニッツ』中央公論社、一九六九年所収）

Mackie, J. L., "Causes and Conditions", in *Causation*, ed. by E. Sosa and M. Tooley, Oxford, Tokyo, 1993.

——, *The Cement of the Universe: A Study of Causation*, Oxford, 1974.

Russell, B., "On the Notion of Cause" in *The Collected Papers of Bertrand Russell*, London, vol. 6, 1992.

Schelling, F. W. J. v., "Philosophische Untersuchungen über das Wesen der menschlichen Freiheit und die damit zusammenhängenden

Gegenstände", in *F. W. J. v. Schellings sämmtliche Werke*, hrsg. v. K. F. A. Schelling, Stuttgart, Augsburg, Bd. 7, 1860. 渡邊二郎訳「人間的自由の本質」（『世界の名著　続9　フィヒテ　シェリング』中央公論社、一九七四年所収）

あとがき

私事になるが、私が学部の三年生であった折、カントの『純粋理性批判』をのめり込むように読んでいたのだが、さっぱり分からなかったのが、その肝心要の議論である因果論であった。哲学史上最高峰の一つをなすカントなる人物が、これほど訳の分からないというか、つじつまの合わない話を、まことしやかにしているということが、ショックでもあった。むろんそこには、深い訳と錯綜した議論が伏在してもいたわけで、哲学研究を志した一学徒としては、そこに食らいついて研鑽を積むべきであったのかもしれない。しかし、私はその気にもなれず、まことに拙い『純粋理性批判』に関する卒業論文を提出し、それで、カント研究を離脱した。

しかし、因果関係というものの重大性についての認識は、シコリのようにして心のうちに残り続けた。このシコリは是非とも解消するべきであると思いつつ、ひたすらヘーゲル哲学を読み続けて、すでに三十年以上が経った。それで、これを糧にして、いよいよこの解消を試みたが、これが、成功しているかどうかは、もとより私が判断するべきことではない。しかし、ずいぶんと大上段の気恥ずかしい話になるが、私としては、因果必然性と人間の自由との両立を図るという、カントの『純粋理性批判』に当たるものを、ヘーゲルの『論理学』に依拠して、いま書き上げたと、密かに思ってはいる。

ちなみに、カント五十七才、私は六十一才。引き続きカントの『実践理性批判』に当たるようなものを書きたいと、また、密かに思ってもいる。

本書の内容は、東京大学文学部の「哲学概論」の授業で、数年かけて積み上げたものである。もとよりいまでも拙い議論であり、なお誤りもあろうかとは思うが、とにかくも、話し始めた当初の内容の乏しさ、科学的知識のずさんさは、目を覆うほどのものであった。さまざまな批判、論評、教示などをしてくれた授業参加者の諸君には、感謝している。また、研究室の同僚である一ノ瀬正樹氏にも感謝しなければならない。英米哲学の専門家であり、また、因果論をメインの研究テーマの一つとする氏からは、おそらく因果に関する了解はまったく異なると言いうるにもかかわらず、英米系の因果論に関して、多くの有益な教示をいただいた。ライプニッツや現代科学に関しては、松永澄夫氏に教えを請うた。

また、感謝ということでは、とりわけ東京大学出版会の小暮明氏に、その意を表さなければならない。氏には、原稿段階から丹念に目を通してもらい、内容面や構成面で、重要かつ建設的な助言をたびたびしていただいた。あるときには、それによって、かなり抜本的な書き換えを行なうことにもなった。いまの形に仕上がったのは、氏のおかげでもある。心より感謝したい。

二〇〇九年十二月

髙山　守

著者略歴
1948 年　東京に生まれる
1973 年　東京大学文学部卒業
1975 年　東京大学大学院人文科学研究科修士課程修了
1977 年　同博士課程中退
2001 年　京都大学博士（文学）取得
現　在　東京大学大学院人文社会系研究科教授

主要著書
『ヘーゲル哲学と無の論理』（東京大学出版会，2001 年）
『ヘーゲルを読む』（放送大学教育振興会，2003 年）
「自由と必然——シェリング「自由論」に即して」（『理想』第 674 号，理想社，2005 年）
「生命とは何か——因果関係を問い返しつつ」（『死生学研究』2006 年春号，東京大学大学院人文社会系研究科，2006 年）
「ラッセルの因果論とヘーゲル」（『理想』第 679 号，理想社，2007 年）
「必然性・偶然性、そして、自由——「哲学とはいかなる営みか」に向けて」（『哲学』第 58 号，法政大学出版局，2007 年）
「シェリング」（『哲学の歴史』第 7 巻，中央公論新社，2007 年）

因果論の超克　自由の成立にむけて

2010 年 1 月 22 日　初　版

［検印廃止］

著　者　髙山《たかやま》　守《まもる》

発行所　財団法人　東京大学出版会
代 表 者　長谷川寿一
113-8654 東京都文京区本郷7-3-1 東大構内
http://www.utp.or.jp/
電話 03-3811-8814　Fax 03-3812-6958
振替 00160-6-59964

組　版　有限会社プログレス
印刷所　株式会社ヒライ
製本所　誠製本株式会社

©2010 Mamoru TAKAYAMA
ISBN 978-4-13-010112-7　Printed in Japan

Ⓡ〈日本複写権センター委託出版物〉
本書の全部または一部を無断で複写複製（コピー）することは，著作権法上での例外を除き，禁じられています．本書からの複写を希望される場合は，日本複写権センター（03-3401-2382）にご連絡ください．

著者	書名	判型	価格
渡辺二郎	ニヒリズム　内面性の現象学	四六	二六〇〇円
坂部　恵	仮面の解釈学　新装版	四六	二八〇〇円
山根雄一郎	〈根源的獲得〉の哲学　カントの超越論的哲学の帰趨	A5	七六〇〇円
黒田　亘	経験と言語	A5	五二〇〇円
黒田　亘	知識と行為	A5	五八〇〇円
高山　守	ヘーゲル哲学と無の論理	A5	一〇〇〇〇円
榊原哲也	フッサール現象学の生成　方法の成立と展開	A5	一二〇〇〇円
森　一郎	死と誕生　ハイデガー・九鬼周造・アーレント	A5	五八〇〇円

ここに表示された価格は本体価格です．ご購入の
際には消費税が加算されますので御了承下さい．